PMIを成功させる
グローバルグループ経営

Post Merger Integration

前田絵理【編著】　黒澤壮史・渡辺直樹・山口博正・池田聡・小林広樹【著】
Eri Maeda　Masashi Kurosawa　Naoki Watanabe　Hiromasa Yamaguchi　Sow Ikeda　Hiroki Kobayashi

中央経済社

はじめに

　人口減少による国内市場の縮小，顧客ニーズ・市場環境の変化の目まぐるしさや技術革新のスピードから日本企業を取り巻く経営環境は近年劇的に変わりつつあり，海外の市場や技術に活路を見出し，海外企業の買収（以下「M&A」という。主に子会社化を念頭に置く）に生き残りをかける日本企業が少なくない。しかしながら，その多くが失敗に終わっているのが現実である。

　本書では，海外企業のM&Aにおいて，M&Aを成功させるにはどのようなポイントに配慮しながら買収後の統合作業（Post Merger Integration，以下「PMI」という）を進めていくべきか，どのような戦略に基づく，どのような組織設計で買収企業に対してどの程度権限を委譲するべきか，委譲できる権限と委譲すべきでない権限は何であるかなど，筆者らでヒアリングを実施した日系グローバル企業の事例なども交えながらその勘所を提示したい。

　まず，本書では，日本企業による海外企業の買収で，しかも国・地域ごとにすでに複数の買収した企業が存在するような場面を想定している。つまり，PMIと一言で言っても，日本本社と相対する海外の被買収企業との1対1のPMIにとどまらず，当該国・地域においてすでに買収されたグループ会社を含めた当該国・地域グループへのPMI，さらには日本本社を含めたグループ全体へのPMIの観点も考える必要があり，本書では，後者2つの場面をも念頭に置くこととする。また，単一事業企業ばかりではなく，多角化企業も念頭に置いている。

　また，本書では，事業軸での権限委譲と，コーポレート・ファンクション軸（人事，ファイナンス，法務等）での権限委譲の双方を念頭に置いている。

　なお，本書で取り上げている権限委譲の話は，各コーポレート・ファンクション軸で法人格を超えた人事権，指揮命令権（レポートライン・ソリッドライン）が，例えば日本本社のCHROやCFO，CLOなどにあるか否かの話とは区別

して論じている点についてはご留意いただきたい。コーポレート・ファンクション強化の観点から，いかなるCXOデザイン，組織設計，各ファンクションの人材要件定義など，コーポレート・ファンクションのあり方については，他の専門書に委ねることとする。

　M&Aの目的，規模およびやり方は，M&A案件が100件あれば100通りあり，PMIに至っては日本本社と被買収企業の組み合わせの数だけ存在する。しかしながら，M&AやPMIの成功事例にはそれなりのパターンがあり，それらのパターンから学ぶことで，成功に導くキーエッセンスを見出すことが可能である。

　日本本社による被買収企業の統治モデルは，被買収企業への権限委譲の範囲や業務プロセスの統合度合い等により大きく，①日本本社流に染め上げ，コントロールするパターン（本社集権型。以下，第1章2－1参照）と②海外現地子会社に任せるパターン（地域分権型。以下，第1章2－3参照），さらには③それらの中間にある本社・地域複合型（以下，第1章2－5参照）の3つのモデルに分けられる。

　なお，②「地域分権型」に関しては，事業領域や地域によっては子会社の自治権を認め，当該子会社や地域に本社機能を置いたほうがよい場合のみならず，日本本社が多角化を推し進め，自社に知見のない事業領域でのM&Aを実施した場合など，子会社を完全統合できるだけのプラットフォームや能力が日本本社側にない場合に，他に選択の余地がなく，この「地域分権型」を選ばざるを得ない場合も含んでいる。

　被買収企業への権限委譲の範囲や業務プロセスの統合度合いは，そもそも当該買収企業がどのような戦略を描いているかによって異なる。つまり，いわゆる国際経営戦略において，(ⅰ)トヨタ自動車やApple社などのように効率性を追求した本社集権型の戦略パターンであるグローバル戦略を採用している場合，(ⅱ)キリンビールや日清食品など顧客ニーズへの適合を重視した地域分権型の戦略パターンであるマルチドメスティック戦略を採用している場合，そして(ⅲ)SONYなどのように統合と分散を案件ごとに複雑に組み合わせる本社・地域複合型戦略パターン（子会社間の自律性を重視し，日本本社を介さない子会社間の共

同プロジェクトの遂行等）であるトランスナショナル戦略を採用している場合によって，完全統合モデルとするのか，お任せモデルとするのか，複合型モデルとするのか，複合型モデルとする場合はどのように複合的なモデルとするのか，方向性はある程度決まってくる。

そして，リスク・マネジメントや内部統制の観点から，日本本社がどの程度ガバナンスを効かせるべきか，内部統制の仕組みの担保のためにどの程度，業務プロセスや社内ルールを統合しておくべきか，というガバナンスおよびリスク・マネジメントの視点でさらに具体的な検討がなされるべき事項である。

まず，第1章では，グローバルなグループマネジメントのあり方を決定づける経営戦略の要素について，国際経営戦略（地域軸の戦略）と多角化戦略（事業軸の戦略）の観点から整理した。国際経営戦略については，どのような戦略を採用し，その場合はいずれの統治モデルが望ましいのか，①本社集権型戦略（グローバル戦略），②地域分権型戦略（マルチドメスティック戦略），そして③本社・地域複合型戦略（トランスナショナル戦略）ごとに当該戦略の目的・狙いに翻って検討している。また，多角化戦略も1．事業集権型戦略（単一事業に近いモデル），2．事業分権型戦略（適度に多角化が進み分権化が進んだモデル），3．事業複合型戦略（高度に多角化されたうえに分権化と統合が複雑化したモデル）の3つに分類して整理している。そして，それぞれの戦略を採用している日系企業がどのような権限委譲モデルを採用しているのか，事例などを紹介しながらどのような業界や市場特性が各戦略と相性が良いのかを示したい。

次に，第2章では，ガバナンスの視点について検討する。日常使用されるガバナンスという言葉が意味する実質は，コーポレート・ガバナンスと内部統制であると考えられるが，これらが買収後の経営においてなぜ重要か，また，適切なガバナンス体制を考える際の手がかりについて検討を行う。コーポレート・ガバナンスにとどまらず，グループ・ガバナンスのあり方は，具体的な場面では，権限委譲についてどのようなスタンスをとるかを決める際に現実化するが，事業形態など個別要因にかかわらず，共通して委譲し得ない項目があるのではないか，それらはいかなる項目か，また反対に委譲し得る項目において

考慮すべき点は何かなどを論じる。また，権限委譲と対をなす制度として，権限の適正な実施に関するモニタリングの制度について，その必要性，対象とする項目，担い手などについても触れたい。

　次に第3章で，日本本社が直接，被買収企業を含む海外現地子会社に対してガバナンスのグリップを効かせ，リスク・マネジメント，内部統制モニタリングおよび事業モニタリングを実施するのと，各国・地域に地域統括会社を設置し，かかる地域統括会社を活用してガバナンスを効かせ，内部統制の徹底を図るのとで，どちらがリスク・マネジメント体制の実効性担保に有効か，さらに，地域統括会社を設置することで，地域ごとのシナジー創出やコスト削減による当該地域における現地法人の価値創造が期待できるか，採用する統治モデルごとに地域統括会社の存在意義を検討するとともに，地域統括会社を活用したさまざまな地域統括手法について，日系グローバル企業の事例を紹介する。

　そして，第4章では，人事戦略（人材の採用，上位層人材のグローバルローテーションによる人材育成，後継者プラン等）や人事制度（グローバル人事評価制度や報酬制度，各種人材育成制度等）のあり方について，意思決定を日本本社と海外現地子会社のいずれですべきか，実際に日本本社やその他地域で採用している制度をそのまま適用すべきか，それは現実的なのかについて，内部統制および国際経営戦略の2つの観点から実務で直面する課題をいくつか挙げつつ，採るべき統治モデルの考え方のポイントや解決策のヒントを，日系グローバル企業の事例を踏まえながら提示する。その際には，内部統制と国際経営戦略の視点に加え，前述の企業グループ全体に及ぼす影響度合いにも配慮した提案を行いたい。

　さらに，人事戦略や人事制度を実施・遂行するにあたり，日本本社が直接，被買収企業を含む海外現地子会社との間で権限委譲の範囲に従った権限分掌に基づいて実施・遂行する場合と，各国・地域に地域統括会社を設置し，かかる地域統括会社を活用して実施・遂行する場合とで，いずれが望ましいといえるのか，日系グローバル企業の事例を踏まえながらそれぞれのメリット・デメリットを提示する。

　また，**第5章**では，財務戦略や財務の実務について，**第4章**と同様に内部統制の観点と，国際経営戦略の観点の2つの視点でどのような統治モデル（権限委譲の範囲＋モニタリングの仕組み）が最適であるのか，実務で直面する課題をいくつか挙げつつ，考え方のポイントや解決策のヒントを，日系グローバル企業の事例を踏まえながら提示する。

　さらに，それらの財務戦略や財務の実務を実施・遂行するに際しての，日本本社，地域軸あるいは事業軸での本部，被買収企業という3者の間での権限分掌のあり方について，**第4章**と同様に日系グローバル企業の事例を踏まえながら整理する。

　最後に**第6章**では，PMIが必ずしも意識されない，M&A実行に先立つ各段階（買収対象会社の選定段階，デューデリジェンス（DD）実施段階，買収契約交渉段階，そして買収契約締結からクロージングまでの間）において，いかに将来のPMIを見据えて準備をしておくことができるか（グループ全体へのPMIを考えた買収対象会社選定，PMIを見据えてのDD，PMIの視点から見た買収契約の各条項等）について，鍵となるポイントを整理する。

　日系グローバル企業の事例を踏まえた各章における検討，提案を通じ，日本企業が真のグローバル企業となるために目指すべき姿について，読者のみなさんと考えていきたい。

　2023年1月

著者一同

目　次

はじめに

【第1章　経営戦略に基づく統治モデルのあり方】

（第2章　ガバナンス）

（第3章　「攻め」と「守り」のグループガバナンスにおける地域統括機能のあり方）

〔第 4 章　HR（Human Resource）〕

第5章　ファイナンス

経営戦略に基づく統治モデルのあり方

第1章

1 ┃ PMIとグループ経営の前提となる経営戦略

1－1 なぜクロスボーダーのPMIにおいて経営戦略を意識しておく必要があるのか

　広く知られているように，日本企業のグローバル化は大企業を中心に非常に進展している。上場企業の大半は海外売上高比率が過半を占める状況であり，海外展開をいかに適切にマネジメントしていくかという点は重要な経営課題となっている。

　そのような中，本書が焦点を当てているクロスボーダーM&A後のPMIとグループ経営を考えるにあたって，各国子会社のマネジメントの指針となるべきものは何になるのか。本書では，GHQ（Global Head Quarter；本書では日本本社を意味する）の経営戦略が重要な要素になってくると考えている。

　それではなぜ，経営戦略をPMIにおいて考える必要があるのだろうか。その理由として，2つの観点から必要性が説明できるだろう（図表1－1）。

図表1－1　PMIにグループ経営戦略が必要な理由

・買収後の統合方針のストーリーが強固になるため
・グループ全体の制度設計に影響するため

　第一に，買収後の統合方針のストーリーが強固になる，という点が挙げられる。しばしば，良い戦略にはストーリーとして組織メンバーに浸透させる機能があるとされる（楠木，2012）。経営戦略とは組織メンバーに今組織が向かう方向性や現在やるべきことを示すためのストーリーであり，ロジックである。そのため，戦略が明確であるということは特に新たに組織に加わるメンバーを組織になじませていくうえで非常に重要となる。

　戦略のストーリーが明確になることによって期待されることは，具体的な方針や業務のすり合わせにおける，GHQとの認識や実務面での整合性である。そもそも経営戦略を明確にすることの意義は活動に整合性を持たせることにあるのだが，同じ企業内においても諸々の活動に整合性を持たせるのが簡単ではないことに加えて，本書が想定しているクロスボーダーのPMIにおいては，もともと異なる企業であり，なおかつ国も異なるため認識や業務レベルでは整合性が取りにくくて当然ともいえるであろう。そのような中でPMIを進めていくためには，戦略というストーリーを通じて認識のすり合わせをすることが必要なのである。

　第二には，買収子会社を含めたグループをマネジメントする際の制度設計に影響することが挙げられる。これは，とりわけ「地域子会社の自律性・権限設定」の判断材料であること，「地域子会社に求められるマネジメント能力（幹部人材の質や人数など）」の判断材料となることなどが重要な要素になるであろう。本書では他の章においてPMIの実務的な観点からさまざまな事例や運営方法が示されているが，自社に合ったやり方を考えるためにも自社の戦略に沿ったPMIの実践が求められる。

　しかし，現実問題としては買収初期の統合施策については，当初は日本本社と被買収企業を取り巻く環境や関係性によって各々異なる判断が考えられるだろう。しかし，中長期的にはグループ全体の戦略方針に整合させていくべきである。買収直後や短期的には日本本社と被買収企業の間のパワーバランスが強く影響されてくるため，日本本社の戦略方針どおりに対応することができないような状況もあるだろう。その場合は，現実に直面している状況に応じて各論

の方法を参考にしていただければ幸いである。しかし，短期的には個々の状況に応じて異なることが考えられる一方で，中長期的には戦略方針に沿った形にマネジメントされていくべきである。そのため，本章ではグローバルな戦略方針に基づいて各領域におけるマネジメントについて説明する。

　本書が焦点を当てているようなクロスボーダーM&AのPMIやグループ経営についてはさまざまな手法が存在しており，各国子会社のマネジメントを推進していく中でいくつもある手法の中から自社がどの方法を採用するべきなのか道しるべが必要となるだろう。本章では，以降の各章でより具体的なマネジメントのあり方を示していく前に自社がどの方法を採用するべきなのかを考えるために，自社の基本的な戦略方針について確認していくこととする。

　本書がクロスボーダーPMIにおいて必要な経営戦略を取り上げていくにあたって提示するのは，地域軸の観点に基づく国際（地域）戦略のタイプとして，「本社集権型」，「地域分権型」，「本社・地域複合型」の3つが想定されている。また，事業軸の観点からは，多角化度合いに応じて「事業集権型」，「事業分権型」，「事業複合型」という3つを想定している。これらの詳細な説明については以降で行うことにしよう。

1−2　地域軸と事業軸という観点

　本書では，クロスボーダーPMIを推進するにあたって考慮すべき権限委譲モデルを地域軸と事業軸という観点から整理することを推奨している。

　地域軸については，クロスボーダーという性質上，グローバル全体での制度設計やRHQ（Region Head Quarter：地域統括会社）の設置と運用という観点から日本本社と海外子会社，海外子会社同士の関係性をどのような方針で管理していくのか，ということを全体の方針の中で位置づけておく必要がある。

　また，クロスボーダーPMIという性質上，M&A後の中長期的なグループマネジメントの観点から，まずは地域軸を考慮した戦略を明確にしておく必要があるだろう。地域軸に基づく戦略は，標準化と集権化を積極的に推進する本社集権型戦略，ローカル適応を重視する地域分権型戦略，そして標準化とローカ

ル適応を高度に実現しようとする本社・地域複合型戦略の３つの視点で構成されている。

図表１－２　経営戦略の全体像と本書の焦点

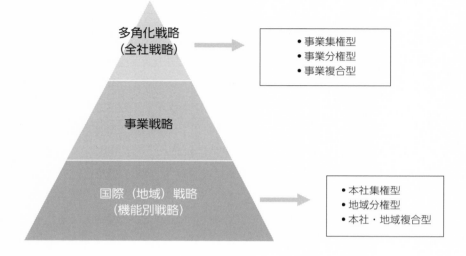

事業軸に基づく戦略パターンは，多角化度合いに基づいている。クロスボーダーM&Aを行う企業は規模が大きくなりがちであるため，ある程度の多角化をして事業領域が多岐にわたる場合も珍しくない。多角化がどの程度進んでいるかによってGHQがカバーできる業務範囲も異なってくるため，クロスボーダーPMIを進めるにあたって海外現地子会社をサポートするのがRHQになるのか，事業会社／事業部門になるのか，という組織構造上の問題が生じてくるため，事業軸に基づく戦略パターンを明確にしておくことはPMIを進めていくうえで重要になるだろう。

2 ┃ 国際（地域）戦略と権限委譲モデルのパターン

これまでに説明してきたように，地域軸を念頭に置いた国際（地域）戦略に

は本社集権型戦略，地域分権型戦略，本社・地域複合型戦略の３つのパターン
が存在する。そのため，ここからはそれらの戦略パターンについて説明をして
いこう。

図表１－３　地域軸に基づく海外子会社の権限委譲モデルの特徴

	本社集権型戦略	地域分権型戦略	本社・地域複合型戦略
戦略のねらい	効率性と安定性を目的とした標準化の優先	地域ニーズの優先	• 複雑な権限体系によって効率と地域ニーズへの適応の両立を目指す • グループ子会社に権限や能力面で自律性を持たせながらグループ会社間のシナジーを追求する

２－１　本社集権型戦略─統合と一元管理に基づく経営効率の追求

　本社集権型戦略は，製品・サービスや業務プロセスをグローバル市場で標準
化していくことで，どの国でも原則として同じ製品・サービスを展開していく
戦略方針のことを指す。この戦略方針のもとでは原則的に中央集権的なマネジ
メントが展開されることとなる。この戦略パターンは，しばしば経営学の世界
ではグローバル戦略と呼ばれることも多く，各地域を分割して考えるのではな
く，統一的な視点で展開していくような戦略を指している。

　本書における本社集権型戦略は，国際経営論の世界ではしばしば「グローバ
ル戦略」と呼ばれている。ここでいうグローバル戦略とは，本社集権型戦略の
定義と同様に製品・サービスや業務プロセスの統合・標準化を進めていく戦略
のことを指す。

　本社集権型戦略を推進している典型的な企業としては，Apple社などが挙げ
られるだろう。AppleのiPhoneやタブレット，PCなどといった主力製品群は
世界中で共通である。世界中で同じ製品を展開し，ブランディングや直営店舗
の運営に関してもほぼ共通したやり方で運用されている。

　この本社集権型戦略の特徴は，製品・サービスをグローバルで高度に標準化
していくということにある。標準化をグローバルで進めていくことの目的は，

効率性と品質の安定化にある。グローバルに統合し標準化を進めていくこのタイプの戦略と相性の良い製品／企業特性としては，「研究開発（R&D）費用や設備投資などの固定費への投資規模が大きいこと」，「性能によって製品の魅力が規定されること」が挙げられる。具体的な産業のイメージとしては，半導体製造などのように設備投資負担の大きな産業やITサービスのように個々の製品・サービスの製造原価よりも製品・サービスへの開発投資が大きくなりやすいような産業との相性が良いため，この特徴に合致している企業は本社集権型戦略を採用していることが多いだろう。

　固定費への投資規模は，しばしば「規模の経済性」などとも呼ばれ，生産規模が競争力の源泉になるような場合の説明ロジックとして求められる。こうした固定費が非常に大きい（＝規模の経済性が働く）業界として典型的なのは半導体業界である。半導体の世界では1製品当たりの変動費よりも巨額の設備投資やR&D投資のほうが経営への影響が大きい。そのため，そのような半導体の業界では要求性能に応じて価格帯ごとに作り分けることはあっても，地域ごとに製品を作り分けるということは行わずにグローバル市場で共通化した製品群を提供することとなる。

　性能によって製品の魅力が規定されるという点は，グローバル市場で地域ごとのニーズが多様化しにくいということを意味する。例えば，デジタルカメラなどのように画素数などで性能を顧客に伝えやすい製品と，アパレルや食品などのように嗜好性が強く製品の性能を顧客に届けにくいタイプの製品が存在する。性能が可視化されているタイプの製品であれば地域ごとの顧客のニーズの差が比較的出づらくなるため，企業としても投資や業務プロセスをグローバルに集約・統合して効率性を追求していくことの合理性が増していくということである。

2－2　クロスボーダーPMIにおける本社集権型戦略に基づく権限委譲モデル

　ここでは，本社集権型の権限委譲モデルがクロスボーダーM&A後のPMIと

グループマネジメントにどのように影響を与えていくのかを考えてみたい。

　本社集権型の権限委譲モデルの基本的な考え方は，日本本社と海外子会社が同じ製品や行動様式，価値観などを共有するためにさまざまな業務やルールを標準化していくことにある。そして，それらを通じて経営効率を高めていくことで競争力を向上させる，ということが狙いとなる。

　例えばApple社の場合，世界中で同じ製品を，概ね同じような売り方で，世界でほとんど共通化されたサプライチェーンのもとでビジネスを展開している。また，広く知られているように生産の提携企業も鴻海精密工業に絞り，生産地も中国とインドに集約している。このようなビジネスの全体像のもとでは，さまざまなビジネスプロセスは国際的に標準化されるようになり，各国子会社が独自に対応する幅が他のグループマネジメント戦略を採用している企業に比べて少なくなる。そのため，クロスボーダーM&Aを行う際にも「自社のポリシーやルールとの相性」について十分に検討する必要があるし，PMIにおいても標準化されたポリシーやルールをどの程度まで守ってもらうのか，という点について特に気を配っていく必要がある。現実的には顧客や商習慣の違いがもたらすマーケティング手法をある程度現地化することや，法令や労働慣習の違いに基づく社内プロセスの調整は必要となるが，原則的には被買収企業をどの程度自社の枠組みに収めていくかを考えなくてはならない。

　そのためには，前提として「自社として守ってもらわなくてはならないポリシー・ルールの範囲」を明確に定義づけておく必要があるだろう。実際に多くの企業がグローバルで統一的なポリシーを策定していることは多いが，「どういった理由に基づいて」，「どの程度の範囲まで修正してもよいのか」という点まで明確にしておくことが非常に重要である。この範囲が明確になっていないと，被買収企業はそれまでの自分たちのやり方を継続させることを望むことも多くなり，標準化の障害になる危険性が生じてしまう。当然ながら日本本社が意図的に買収した海外子会社に買取前の慣習を継続してもらうのであれば何の問題もない。問題となるのは，事前に標準化するべき範囲が不明確であるためにズルズルと現地子会社の要望に応えていくような状況である。戦略方針が統

合によるメリットを志向しているのであれば，PMIに入る前に戦略方針として示されているべきである。

　このような本社集権型戦略を採用するような企業のクロスボーダーPMIは，基本的には日本本社が主導して進めていくことになる。その際，マネジメントのサポートとして積極的に（事業子会社であったとしても）地域統括機能を持った組織が統合プロセスに関与していく必要が生じる。これは，被買収企業にとっても適応すべき業務プロセスやルールが明確になっていることや現地の法令や慣習などの問題によってどうしてもグローバルな標準に適応させられないような案件が生じた場合でも，本社との調整を果たしてくれる存在が身近にいることでスムーズに統合プロセスが進むことになるため，積極的な介入が互いにとって重要となるだろう。

2−3　地域分権型戦略—分権型管理に基づく地域ニーズへの適応

　地域分権型戦略は，製品・サービスを地域ごとにカスタマイズしていく戦略方針のことである。地域ニーズへの適応を優先するために，各地域で柔軟に活動できるように分権型のマネジメントを採用するものである。本社集権型戦略が効率性を最大化するために中央集権的なマネジメントを展開するのに対して，地域分権型戦略はローカルな顧客ニーズへの適合に高い優先順位を置くため，顧客から距離のある日本本社ではなく海外現地子会社にさまざまな意思決定の権限を委譲するというものである。

　地域分権型戦略は，マルチナショナル戦略やマルチドメスティック戦略などとも呼ばれることがあり，地域ごとに分割した視点を持つことで現地への対応に主眼を置いた戦略パターンである。

　地域分権型戦略を採用している企業の典型例としては，食品メーカーや飲食業などが挙げられるだろう。嗜好性，国の文化および社会状況などが反映されやすい製品・サービスはこの国際（地域）戦略と相性が良い。海外進出も初期段階であれば本国（日本本社）と同じ製品やサービスを輸出する形でも問題はないだろうが，海外での持続的な成長を見込むのであれば現地ニーズに適応し

た製品・サービス開発が必要になってくるだろう。

　例えば，飲食業などのサービス業であれば，マクドナルドのようなグローバル企業であっても商品開発やサービス提供についてある程度の現地化を進めているのが象徴的なケースであろう。とりわけB to C型のサービス業などはサービス開発のR&Dコストがさほど大きくないケースが多いため，現地に合わせたような分権化がしやすくなる。

　こうした地域分権型戦略と相性の良い製品／企業特性は，「製品・サービスにおける変動費比率が高い（＝標準化のメリットが小さい）こと」，「嗜好性の強い製品・サービスであること」が挙げられるだろう。

　製品・サービスにおける変動費比率が高いという点は，本社集権型戦略に適している性質の逆を示すものである。製品・サービスにおいて材料費などの変動費比率が高いということは，固定費比率の観点から規模の経済性が比較的効きにくい製品特性であるといえる。規模の経済性が働きにくいのであれば本社を中心にビジネスプロセスを標準化してグローバルに統合していくことのメリットが薄れ，地域ニーズに適応することの意義が相対的に増してくる。ここでいう固定費は生産設備だけでなく，R&Dコストも想定している。ハイテク製品や自動車などのように製品開発や技術開発に膨大な費用が発生する業界では地域ごとに作り分けていくような仕組みの構築は難しいが，食品産業などのように製品開発へのコスト負担が比較的小さい業界では，研究開発のスケールメリットが働きにくくなるため，現地ニーズへの丁寧な対応をしていく余地が生じてくるといえるだろう。

　嗜好性の強い製品・サービスという点については，食品・外食産業，ファッション関連業界などのように地域の気候風土や文化が反映されやすい製品特性の場合は，性能によって規定されるような製品に比べて現地ニーズが地域によって多様化していく可能性が高いため，そもそもグローバルに標準化することによって市場に受け入れられないというリスクを考えなくてはならない。単に製品の輸出をするだけのような初期の海外展開のフェーズであれば本国（日本本社）と同じ製品の海外展開ということも経営判断としてあり得るが，現地

企業のM&Aを行って本格的に海外市場で展開していく場合，製品・サービスそれ自体の現地適応と，販売手法の現地適応は非常に重要な課題となるだろう。そうした現地化を担うためにも，嗜好性の強い製品やサービスを展開する場合は，一般的に地域分権型戦略に基づいてグループを管理していくほうが望ましいだろう。

2－4　クロスボーダーPMIにおける地域分権型戦略に基づく権限委譲モデル

　地域分権型戦略のもとでPMIを推進する場合，本社のグリップをあえて弱めて現地子会社が主導する範囲を広げるということになる。その際に注意すべきポイントは，「現地子会社のマネジメント能力の見極め」と，それを踏まえた「権限と責任の範囲設定」，「KPIのモニタリング」となるだろう。そのため，PMIの時点で「どのKPIを（What）」，「誰が（Who)」，「どうやって（How)」モニタリングし，改善指導していくのか，枠組みを設定しておく必要がある。PMIという統合初期の時点でこういった要素が確立できていないと問題が起きてから混乱することになるため，問題が生じる前である初期の段階で詰めておく必要がある。実際には部門間の調整などを通じて現実的な落とし所を探っていくことになるが，可能な限り基本方針が意識されていることは重要である。もちろん，現実的には部門間の利害調整などの影響で理想どおりにはいかないこともあるだろう。地域分権型戦略では本社集権型戦略と比べて本社が主導して国際的な業務プロセスを構築するわけではないため，前提として現地子会社が独自に展開するだけのマネジメント能力を有していることが必要となる。クロスボーダーM&A，特に買収計画，デューデリジェンス（DD)，PMI（100日プラン）等を通じて現時点でのマネジメント能力の程度と，将来的に求められる水準とのギャップを明らかにする必要があるだろう。これがなければ，現地子会社の経営がうまくいっていない場合の対応が難しくなってくる可能性がある。そのため，成果を上げるための経営層の能力と成果それ自体のモニタリングは必須である。そして，そうした仕組みを整えるタイミングとしてPMIのプ

ロセスというのは非常にタイミングが良いといえるだろう。確認すべきKPIの
中身については状況に応じて変化してくるものだが，KPIが悪化した際のサ
ポートを含めた全体としての仕組みは初期のPMIプロセスで確立しておくのが
望ましい。

２－５　本社・地域複合型戦略──グローバル統合とローカル適応の複雑系マネジメントによる最適化

　ここで取り上げている本社・地域複合型戦略は，しばしばトランスナショナ
ル戦略などとも呼ばれるものである。トランスナショナル戦略とは，直訳する
と「国家を超越した」戦略方針であり，本社所在地がある本国を本社と認識せ
ずに各国子会社が強みを持ち寄りより対等な関係で経営していくという地域軸
の国際戦略である。

　本社・地域複合型戦略の特徴は２つある。それは，「標準化されるものと現
地化されるものが高度にバランスされていること」と，「日本本社と各海外子
会社が対等なネットワークのようなパワーバランスで運営されること」である。

　１つ目の標準化と現地化の高度なバランスであるが，これはこれまでに紹介
した国際戦略が基本方針を標準化か現地化に定めたうえで，支障が出る案件だ
けを例外的に対応していくというスタンスであるのに対して，本社・地域複合
型戦略のもとでは，標準化と現地化は事前に基本方針で定めておくというので
はなく，案件ごとに精査されることになる。これは，一見すると事前に決めて
おかずにズルズルと場当たり的な対応をしている企業を想定しがちかもしれな
いが，本社・地域複合型「戦略」として，案件ごとに精査するという方針を明
確にしている，という点に戦略不在型の企業との違いがある。

　２つ目の日本本社と海外子会社が対等なネットワークになることについては，
言い換えると海外子会社自体が日本本社と対等な関係を構築できるだけのマネ
ジメント能力を備えていることを意味する。一般的に，日本本社と海外現地法
人との間では「親会社－子会社」という上下関係を前提としたうえでコミュニ
ケーションが取られていくことになるが，本社・地域複合型戦略の方針のもと

ではより対等な関係が形成され，海外子会社が主導してグローバルなプロジェクトの推進を図っていくこともある。

　複雑化するグローバル社会の状況に適応するためには，企業自体も複雑化していく必要がある，という考え方も組織設計や国際経営の議論には存在する（Galbraith, 2000など）。その中で，グローバル統合とローカル適応を二者択一で捉えるのではなく，グローバル統合とローカル適応を高度に両立させる本社・地域複合型の戦略も提示されている（Bartlett & Ghoshal, 1989）。バートレット&ゴシャールが提示したトランスナショナル（超国家的）戦略は，グローバルに統合して集権的に運営する業務と分権化してローカル適応を促進していく業務をプロジェクトごとに適性を見極めながら判断して高度に両立させることを志向している。

　このような本社・地域複合型戦略を国際戦略として採用している企業としては，SONYグループが挙げられるだろう。SONYグループは各機能に応じて事業会社に帰属させている部分とグループ全体で管理している部分に分かれている。また，地域統括会社も設置されており，事業会社としての戦略とグループ全体のマネジメント，地域ごとのマネジメントを高度にバランスさせている。SONYの場合，生産などは機能別会社として事業会社から分離されてグローバルでも統合的に管理される一方で商品企画やマーケティングについては事業会社や現地法人などに権限委譲される部分が多く，多様化した事業領域に対して複雑なグループマネジメントの仕組みを高度にバランスさせている。例えば，エレクトロニクス事業は日本側が主導する一方で映画事業は米国側が主導するなど，事業領域などによっても国際分業が高度になされており，本社・地域複合型戦略を高い次元で行っている企業の代表例として挙げることができるだろう。

　本社・地域複合型戦略においてグローバル統合とローカル適応を両立させるうえで重要になってくるのが，海外子会社のマネジメントの成熟である。本社・地域複合型戦略の方針では海外子会社が自律的に多国間プロジェクトを推進するような状況も想定されている。本社集権型戦略の権限委譲モデルのよう

に本国企業（日本本社）の指示を遂行するだけでも，地域分権型戦略の権限委譲モデルのように所轄のローカル地域のマネジメントだけを運営するわけでもなく，国際的な視点を持って他国へ知識移転を行える状況が本社・地域複合型戦略においては想定されている。

　また，製品自体が性能や嗜好性など１つの競争軸だけで説明できない複雑な顧客ニーズが存在している場合は本社・地域複合型戦略の権限委譲モデルが適していると考える。すでに例示したような汎用半導体や食品などのように競争軸が比較的見えやすいような製品領域の場合は本社集権型戦略か地域分権型戦略のどちらかに最適化することが望ましいが，多様化する複雑なニーズに適応しようと考えるのであれば，マネジメントも複雑化してくる本社・地域複合型戦略のほうが望ましいと考える。ただし，本社・地域複合型戦略を実行するためには海外子会社に相応のマネジメント能力を持たせる必要があるため，そうしたコストに見合うかどうかは重要な検討課題であろう。

２－６　クロスボーダーPMIにおける本社・地域複合型戦略に基づく権限委譲モデル

　本社・地域複合型戦略に基づくPMIにおいては，買収企業と被買収企業の役割関係を規定しておくことが重要である。M&Aが計画された時点ですでに織り込まれている場合もあるだろうが，PMIにおいては買収前に想定していた理想と現実のギャップを埋める作業も必要になってくる。

　実際に本社・地域複合型戦略を採用している企業ではグローバルな事業戦略立案機能やサプライチェーン・マネジメントなど非常に重要な業務プロセスを任せることを想定して大型のM&Aを行う企業も存在する。そうした場合にはPMIにおいても事前に想定したようなマネジメント能力が実現されているかなどを確認しながらギャップを埋めていくことが必要になるだろう。ギャップを埋める際にはPMIのプロセスだけでは解決できない問題のほうが多く想定されるため，実際にはRHQなどのサポート機能などとバランスさせながら運用させていくことになる。

　PMIを通じて本社・地域複合型戦略を採用する企業のグループに統合してい
くことの難しさは，その方針の複雑性によって引き起こされるだろう。より具
体的には，本社と現地子会社との権限関係・自律性のバランスである。明確に
任せるというわけではない中で，日本本社と対等かそれ以上のマネジメント能
力を有する企業のPMIとなれば，部分最適に基づく互いの利害関係を超えてグ
ループ全体の利益にかなうような全体最適に基づく判断を進めていくことはし
ばしば困難を極めることになるかもしれない。しかし，複雑さを増す現代のグ
ローバル企業の実態を踏まえると，本社・地域複合型戦略をいかに実現してい
くのか，その際に有効な手段であるクロスボーダーM&Aを成功に導くための
PMIをどのように推進していくのかという点を考えることは非常に重要になっ
てくるだろう。

2－7　各国際（地域）戦略と相性の良い業界など

　ここまで権限委譲モデルについて説明してきたが，このような権限委譲モデ
ルが実際にどのような特性を持った業界と相性が良いのかという点について，
より深く考えたい。

　まずは本社集権型の権限委譲モデルは，地域の性質よりもグループ全体の効
率性を重視する戦略方針に基づいている。こうした戦略と相性が良いのは，第
一にR&D投資や設備投資の規模が大きくなりやすい業界特性であり，第二に
市場ニーズが比較的地域の違いの影響を受けにくく共通性が大きい業界である。
こうした特性を持つ業態や業界の代表例としては，半導体製造，ソフトウェア
業界，医薬品業界などが挙げられるだろう。

　先行投資の規模については，半導体製造などはTSMCやサムソン電子で知ら
れるように多大な設備投資を必要とする一方で，最先端の半導体に求める製品
特性は原則として地域の影響を直接受けるものではない。そのため，これらの
業界ではビジネスプロセスは地域で分権するというよりもグローバルで統合し
ておくことの意義が際立ってくる。

　ソフトウェア業界などは市場のニーズについては言語のローカライズなどを

含めて地域の影響を受ける側面があるが，コスト構造として変動費よりも
R&Dコストなどの固定費が非常に多くなってくるため，原則としては地域の
ニーズに細かく対応していくよりはグローバルに展開できる製品・サービスの
開発に焦点を当てたほうが効率的になる。

　次に，地域分権型の戦略とそれに基づく権限委譲モデルは本社集権型と対照
的にR&Dや設備投資などの「先行投資の比率が比較的小さい」ことと，「市場
ニーズが地域の影響を受ける」という条件を満たす業界に適している。

　まず，固定費比率が比較的小さくなるような業界としては，食品関連や小売
業界などが典型的な業界として挙げられるだろう。これらの業界は市場ニーズ
が気候や文化などといった地域の影響を比較的受けやすい業界であり，参入当
初などは本国（日本本社）と同じ製品を展開することができても，地域ごとの
成長戦略を考えるうえで現地ニーズへ適応していくことがどこかの段階で求め
られるようになってくる可能性が高い。

　例えば小売業界などは，日本国内ですら地域によって取り扱う製品構成など
を地域のニーズに応じて変えることも一般的である。そのため，国を越えたビ
ジネスの展開では当然ながら地域に応じたサービス戦略も必要になるため，よ
り現地に権限委譲したマネジメントが必要になる。

　もちろん経営戦略上，あえてGHQと同様の製品を展開していくという経営
判断は十分考えられる。しかし，中長期的な成長を考慮した場合，ある程度の
製品ラインナップの拡充や多角化を考慮する必要が生じてくるために現地での
判断の幅が出てくるような地域分権型のマネジメントへの移行が必要になって
くる可能性を検討しておくべきであろう。

　本社・地域複合型の戦略と権限委譲モデルは，エレクトロニクス業界や自動
車業界などといったR&Dや設備への先行投資の必要性と市場ニーズがともに
複雑な業界に適するだろう。

　R&Dや設備への先行投資の必要性と市場ニーズの複雑さについては，エレ
クトロニクス業界などは製品によってはハイテク技術などを導入する場合があ
るだろうが，製品群の中には技術的に成熟したものがラインナップされてくる

こともあるだろう。また，製品の使用環境なども地域によって大きく異なるような場合も考えられるため，市場ニーズは製品によっては複雑化する可能性がある。

　R&Dについても，グローバル企業では地域の研究機関などによって技術的な強みが異なってくる可能性がある。とりわけクロスボーダーM&Aを行った場合などは被買収企業のほうが特定領域では技術力やマネジメントの知見が優れている，ということも想定されるだろう。そうした場合，日本企業だからというだけの理由で日本の研究開発拠点がその分野について研究でリードしていくことが合理的とは限らなくなる。そうした場合，例えば日本の製薬企業であっても，米国や欧州など連携する研究機関との結びつきが強い地域が本国（日本本社）よりもR&Dの戦術的な意思決定などについて適切に決定する能力に優れる可能性もあるだろう。

　近年，日本企業のグローバル化が進むにつれて，技術だけでなくマネジメント能力においても日本本社よりも高度に国際的な調整ができる企業をM&Aで取り込んでいくような大型のクロスボーダーM&Aも増えつつある。そうしたクロスボーダーM&AのPMIは必ずしも日本本社の集権性や子会社への分権といったように関係を固定させるのではなく，流動的に考えることの意義が増していくだろう。

図表1－4　国際戦略と相性の良い業界特性

国際戦略	業界特性	代表的な業態や業界例
本社集権型	• 先行投資の比率が大きい • 市場ニーズが地域の影響を比較的受けない	• 半導体製造 • ソフトウェア • 医薬品
地域分権型	• 先行投資の比率が小さい • 市場ニーズが地域の影響を受け複雑	• 食品 • 小売 • サービス業（B to C）
本社・地域複合型	• 先行投資の比率が大きい • 市場ニーズが地域の影響を受け複雑	• エレクトロニクス • 自動車

3 ▎多角化戦略──事業軸の視点

　本書では，ここまで述べてきた地域軸での国際戦略とは別に事業軸，とりわけ多角化度合いの観点からも考えることが重要と考えている。クロスボーダーM&Aを行う企業の場合，多くは事業面でも複数の事業部を抱えていることが想定される。その場合，海外の子会社をマネジメントするにあたって，事業部が主導するのかRHQが主導するのか，運営上の明確な設計が必要になる。そのため，クロスボーダーPMIにおいて，自社がどの程度多角化しているのかという点は，制度や組織設計の運用において重要な視点となってくる。

3−1　多角化がクロスボーダーPMIにもたらすもの

　現代社会においても，多くの大企業は複数の事業領域を持つ多角化企業であることが一般的である。企業は成長を模索する中で多角化する傾向にあるため，事業ごとに管理しやすい組織構造として事業部制や事業子会社制という仕組みを採用するようになっていく。その意味で，「組織（事業部制）は戦略（多角化）に従う」という経営学の古い格言は現代でも息づいているといえるだろう。

　この多角化がクロスボーダーPMIにどのように関わってくるのだろうか。それは海外展開する際に現地子会社をマネジメントするのが事業会社になるのか，地域統括会社（RHQ）になるのか，という組織構造と制度設計に影響を与えることになる。多角化の程度が低ければ日本本社で生産や販売などのグリップを握ることもあり得るが，事業領域が多岐にわたってしまうと日本本社だけで各事業領域の内容を管理していくことが困難になっていく。それはつまり，基本的な考え方として，多角化の程度が低い会社は本社が集権的にマネジメントすることが可能だが，多角化が進んだ企業になると各事業領域の子会社のマネジメントにまで本社が関与していくというのはほとんど不可能になることを意味する。そのため，多角化が進むほど事業部・事業子会社への分権が進むようになっていくのである。その意味で，グローバルなPMIとグループマネジメント

の文脈においても「組織は戦略に従う」という格言が生きているといえるだろう。

3－2　多角化戦略に基づく３つの権限委譲モデル

　先述したように，多角化の程度というのは海外子会社のPMIとその後のグループマネジメントに影響を与えてくる要因の１つである。そのため，多角化の程度に合わせた３つの権限委譲モデルについて，事業軸という観点で捉えていくことが良いだろう。ここでは，日本本社に権限を集中させていく事業集権型モデル，事業会社に権限を分権していく事業分権型モデル，事業領域の性質に合わせて本社の関与度を柔軟に変えていく事業複合型モデル，という観点で考える。

　こうした現象をエレクトロニクス分野で考えるなら，Apple社のように製品領域が狭い企業であれば米国本社が業務プロセスの管理に地域統括会社（RHQ）を通じて関与していくことは可能かもしれないが，SONYグループのように多角化が進んでいると，事業領域によっては日本本社が海外子会社のマネジメントの細部にまで関与していくことはほとんど不可能に思われる。そのため，SONYグループとしても事業会社に分権化していかざるを得なくなるのである。

　一方で，持株会社制，それも事業持株会社制を採用しているような企業の場合は集権と分権のバランスはもう少し複雑になってくるだろう。事業持株会社制の場合は，GHQとBHQ（Business Headquarter，事業上の本社機能）を組織として兼ねることになるため，グループ全体として多角化を進めて事業が拡大していったとしても持株会社機能を有する事業会社がパワーバランスとして強くなりやすい。そのため，その他の事業会社との関係性とは異なる形でマネジメントされていく可能性も大きくなる。その結果として，事業会社が担う地域統括機能もより高まっていくだろう。

図表1－5　GHQ, BHQ, RHQのイメージ図

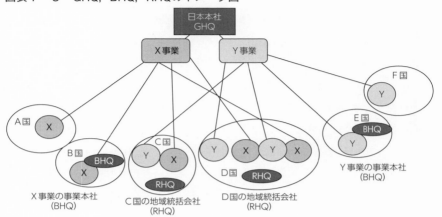

　いずれにせよ，多角化の程度はこうした事業部門への分権化やグループ全体の経営のあり方にも影響を及ぼすようになってくることを考慮しておく必要があるだろう。多角化の程度が低ければ本社で子会社を管理することの余地が拡大していくため，GHQとBHQとの関係性においてGHQが集権的になることが可能になるが，多角化の程度が進むとBHQへの分権化が必要となってくる。このことは，海外子会社の統治やマネジメントの主体をBHQに担わせるのか，地域統括会社（RHQ）に担わせるのか，という組織構造上の違いを生み出すことになるだろう。この点については第3章でより詳細に扱っていく。

図表1－6　多角化と権限委譲モデルの関係性

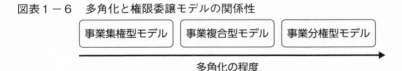

3－3　事業と地域の適切なバランスを目指して

　ここまでの議論の中でグループ子会社のグループマネジメントにおいて地域

軸と事業軸という観点から考慮すべき要素について説明してきたが，ここで簡単に整理しておきたい。地域軸の観点からは，国際戦略として本社集権型，地域分権型，本社・地域複合型という3つの戦略パターンが存在する。この戦略パターンによって権限関係の設定やPMIとその後のグループマネジメントに対する本社の関与のしかたが変わってくる。この地域軸の観点に加えて，事業軸の観点として多角化の程度と，本社と事業部門の権限設定という要素が交錯してくることになるため，地域軸と事業軸において自社がどのような視点に立っているのか明確に把握しておくことは，クロスボーダーPMIとその後のグループマネジメントにおいて重要になるだろう。実際にどのような形で影響を及ぼすことになるかは以降の章で詳しく説明されることになるため，ここでは地域軸と事業軸の観点から自社を捉える視点について確認をしていただけたら十分である。

　本章では2つの軸と戦略について説明してきたが，重要なことは自社の文脈に合った形でPMIの方針や環境を整えていくことにある。企業によって事業部門が強力な場合やトップのリーダーシップが強力な場合など，さまざまな文脈の違いが考えられる。そうした文脈とPMIの実務に整合性があることが重要であると考えるべきであろう。例えば事業部門が強力な会社であれば，対立を生んでまで地域統括機能を独立させる必要はないだろうし，地域分権型戦略が機能しているのであれば，方針転換して本社・地域複合型戦略などに移行していくことが必ずしも必要とは限らないであろう。いずれにしても，大事なことは戦略方針と組織構造・運営の整合性を確保しておくことである。各要素のバランスを取るためにも要素間の関係性を把握しておくことが重要になるだろう。

　地域軸と事業軸の観点を確認しつつ，以降の章ではガバナンスや組織構造（ストラクチャー），人事，ファイナンスなどの視点からクロスボーダーPMIについて考えていく。

図表1−7　戦略の軸とGHQの役割の整理

地域軸／事業軸	事業集権型	事業分権型	事業複合型
本社集権型	GHQの経営スタッフが主導して海外子会社のPMIに関与する	BHQが主導して現地子会社のマネジメントに関与する	BHQの経営戦略に応じて集権的に管理する事業領域と権限委譲する事業領域で分けていく
地域分権型	GHQはリスク・マネジメントや海外子会社のサポートを仕組みとして提供していく	高度に分権化が進んでいるため，RHQが各地域の事業部門をサポートする	それぞれの事業部門ごとの独立した存在として戦略や運営ポリシーを策定する
本社・地域複合型	• グループ子会社の自律性を高めるための人材と権限の整備 • グループ子会社間の調整	• RHQを通じたグループ子会社のサポート • グループ子会社の自律性を高めるための人材と権限の整備	• RHQを通じたグループ子会社のサポート • グループ子会社の自律性を高めるための人材と権限の整備 • グループ子会社間の調整

4 ｜戦略パターンと事例

　これまで地域軸と事業軸に基づく戦略パターンのロジックについて説明してきたが，ここでは**第7章の事例紹介と戦略パターンの関係**について簡単にまとめておく。

　基本的な考え方として，**第7章で紹介する食品メーカーA社は多角化戦略の判断として，事業領域をほぼ単一事業に絞り込んでいる。**そのため，同社はこの中核事業を中心とした単一事業のグローバル企業となっている。食品という地域性の影響を受けやすい製品特性上，地域分権型戦略を採用している。また，単一事業という特性上，事業軸では事業集権型となっている。

　消費財メーカーであるB社は，多角化戦略として関連的多角化に舵を切っている。また，消費財という製品の特性として，生活習慣や文化，嗜好性など現地のニーズに影響を受けやすい。そのため，国際（地域）戦略としては本社集

権型であり，また適度に関連的多角化が進んでいることから，事業軸としても事業分権型となっている。

　電機メーカーであるＣ社も多角化戦略の判断が関連的多角化になっているため，多角化した事業に対する運営方針が事業軸からは事業分権型となっている。複雑化した事業構造へ対応していくため，国際（地域）戦略としては本社・地域複合型戦略を採用して複雑なマネジメントと統治の方針となっている。

　最後のＤ社も多角化が進んでいるため事業分権型になっている一方，各事業子会社が海外子会社のマネジメントや統治を行っているため，本社集権型戦略となっている。

　ここではあくまで戦略の観点のみに基づく整理となっているため，詳しい内容については第7章を参照いただきたい。

図表1−8　各事例紹介と地域軸・事業軸の戦略

	国際戦略 （地域軸）	多角化に基づく権限委譲モデル （事業軸）
A社（食品メーカー）	地域分権型戦略	事業集権型
B社（消費財メーカー）	本社（BHQ）集権型戦略	事業分権型
C社（電機メーカー）	本社（BHQ）集権型戦略	事業分権型
D社（サービス）	本社（BHQ）集権型戦略	事業分権型

〔参考文献〕
・楠木建『ストーリーとしての競争戦略』（東洋経済新報社，2010年）
・Christopher A. Bartlett, Sumantra Ghoshal（吉原英樹監訳）"Managing Across Borders : The Transnational Solution"（Harvard Business School Press. Harvard, 1989年）（『地球市場時代の企業戦略：トランスナショナルマネジメントの構築』（日本経済新聞社，1990年））
・Jay R. Galbraith（斎藤彰悟・平野和子訳）"Designing the Global Corporation"（Jossey-Bass Inc., 2000年）『グローバル企業の組織設計』（春秋社，2002年）

ガバナンス

第2章

1 海外M&Aにおけるガバナンスの意義

　なぜ，日本企業のクロスボーダーM&Aにおいてガバナンスが問題となるのか。まず，本書で議論するガバナンスという言葉の意味について，明らかにしておきたい。ガバナンスという言葉は，企業で日常用いられる際には，企業不正や不祥事，経営陣の暴走などを防ぐために，取締役会や監査役（会）などが経営陣に対して牽制，監視・監督をどのように効かせるかという文脈で用いることもある。他方で，経営陣から，実働する社内の各部門や子会社・グループ会社に，経営の指示や命令が適切に伝達され，実行される体制があるかという文脈で用いられ，また，社内の各部門から経営陣へ，あるいは子会社・グループ会社から親会社の経営陣に対し業務遂行の内容や結果が適切に報告される体制があるかという文脈で用いられることもある。本書では，取締役会，監査役（会）による経営陣への牽制，監視・監督という場面でのいわゆるコーポレート・ガバナンスではなく，子会社・グループ会社およびそれらの経営陣に対して親会社からの規律が及んでいるかというグループガバナンスの面を主に念頭に置いて「ガバナンス」と呼び，議論することとする。

2 ｜ 買収の文脈で，なぜガバナンスを議論するのか

かつては日本企業の海外進出は，海外に子会社やジョイントベンチャーを設立することにより行われていた。また，買収が実施されるようになった初期は，海外の企業を買収して時間を買うのだと，買収することそれ自体が目的であったかのような案件が多々見受けられた。

しかしながら，そのような時代はすでに終焉を告げ，日本においては，海外市場における成長が成長戦略における必須の勝負どころと認識する企業や経営者が増えた。自動車や電機・電子などの業種のように，現に海外売上高が国内売上高を上回る日本企業は少なくない。多くの日本企業にとって，海外市場に進出し，そこでのプレゼンスを獲得することが，これからの成長の鍵になっている。

このような状況においては，多くの日本企業にとって，海外子会社のガバナンス，特に買収を行った際におけるPMIの一環としてガバナンスをどのように構築するかについての悩みは，ますます大きなものになってきていると思われる。これについての確定的かつ一律に妥当する解はおそらくなく，結局のところは，買収する企業と買収される企業との間の個別の事例に応じて対応は異なるということになるのであろうが，本書では，個別の局面における最適なガバナンスを構築するために考慮するべき，ある程度共通性のある要因を提示することを目的として，以下論述することとしたい。

3 ｜ なぜガバナンスが重要なのか

改めて，なぜガバナンスが重要なのかについて，念のため，ここで簡単に議論しておきたい。この10年，特に「日本再興戦略2014」に基づき，コーポレートガバナンス・コードが策定された頃から，日本の上場企業の間では，コーポレート・ガバナンスの重要性が共通の認識となっている。その背景には，コー

ポレート・ガバナンスの向上が収益力の向上や成長力の回復など，いわゆる稼ぐ力を強化するための手段であること，そして稼ぐ力の強化が投資家にとっての魅力のある企業価値の向上につながるとの共通認識がある。

　コーポレート・ガバナンスの向上が稼ぐ力を強化する手段であるということは，ある企業が単体ではなく，多くの子会社・グループ会社を傘下に有するグループ企業においては，より重要性が高い。グループ企業においては，単体企業以上に，経営者の一挙手一投足がグループ全体の稼ぐ力に影響を及ぼすことは論をまたないが，その影響度を感度良く，より高めるための手段となるのがコーポレート・ガバナンスの仕組みである。また，このことは，グループ企業の業績・財務情報の開示を連結ベースで行う連結会計を前提とする現在の制度からすると，より先鋭に効果が数字となって表れてくるはずである。

4 ▌基本方針

　企業が事業に関して行う意思決定をいかなる機関においてするべきであるかについては，いうまでもなく会社法における権限分配の規定による規律が出発点である。会社法では多くの事項を取締役会の決議事項としているが，取締役会の決議事項を縮減して，取締役会は従来のアドバイザリー・ボード型（取締役会の役割を，経営の意思決定と社長等の経営陣への助言であるとする型）からモニタリング・ボード型（取締役会の主たる役割を，経営陣の監督とする型）へと機能を変化させ，代表取締役以下の執行部門に意思決定権限を委譲するのが，より機動的な企業経営に資すると考えるのが，近年のトレンドといえる。

　執行部門に託されるようになってきた日々の経営に関する意思決定権限であるが，日本企業が海外に進出し，また海外企業を買収することにより，海外拠点を有するとしても，海外拠点の経営について，どの程度，その海外拠点の経営陣に意思決定を任せるのか，あるいは本社（より正確には，資本構造上のいわゆる親会社であるGHQ）の側で押さえていくのか，そのガバナンスの方法については，一般的に通用する共通解はおそらく見出せないものと思われる。それ

は，各企業を取り巻く状況がさまざまであるからである。企業が扱う商品役務の属性，企業経営の手法，企業文化などの違いは，クロスボーダーM&Aという局面においても，異なった切り口を呈するものであり，いかなる買収においても通用する共通の解は存在しないであろう。しかしながら，そうであっても，自社と買収対象会社とに焦点を当ててみた場合に，適切なガバナンスの体制を考える際の手がかりとなる一定の視点はあるのではないかと考えている。本章では，その手がかりとなる視点の提供を試みたい。

5 ｜「染め上げる」のか，「委ねる」のか

　子会社・グループ会社の運営のしかたについては，大きく対比すると，子会社・グループ会社の経営者に対しては，親会社の所定の運営のしかたを基本的に尊重し，本社の意向に沿って推進せよと求めるやり方と，子会社・グループ会社の経営者による自治を認め，自治を認めた範囲においては本社は介入をしないというやり方がある。本章では，これらを対比的に「染め上げる」ポリシーか，「委ねる」ポリシーかと呼ぶことにする。

　実際には，ある日本企業の子会社・グループ会社の運営が，一方の方法のみに固定的に該当し，もう1つの選択肢を一切用いないということはなく，場面や状況に応じて，両方のポリシーの使い分けがされているというのが実情であると考えられる。だが，すべての場面がケース・バイ・ケースで，法則性がみられないということではなく，当該企業の海外進出の歴史や沿革，当該企業の競争力，経営のスタイル・手法や，当該企業の歴史，文化・カラーといった諸々の要因から，意識的であるか無意識的であるかを問わず，どちらかのポリシーをデフォルトのスタイルとして持っていることが多いものと思われる。

　筆者の行ったヒアリングでは，取扱製品が世界共通である企業において，グローバルで共通の経営が可能な事業の集合となっており，グループ会社管理の体制についてもシンプルなスタイルを採用している例に接した。「染め上げる」ポリシーに拠っているかのようである。他方で，取扱製品が地域によりユー

ザーの嗜好が多様な製品である企業の場合，大枠は日本企業（本社）のマニュアルを導入するものの，それ以外は現地の経営に委ねているという考え方をもって推進しているという例もある。「委ねる」スタイルであると認識されているようである。

　買収を通じた事業展開を積極的に行っている企業の中でも，基本的には，現地の経営に自治を委ねるスタイルであると自認して，買収戦略を展開する企業も存在する一方で，買収戦略の実現の過程において，日本企業の手法かどうかということよりも，当該事業領域（それは買収対象であった企業が主体となっていることもある）の手法であることが重要で，染め上げる／委ねるという図式は意味を持たない結果になっているとの事例もあった。

　「染め上げる」のか「委ねる」のかという分類は，思考の整理には有益であるものの，実例からもうかがえるように，いずれかの立場への選択が必須というわけでもないことから，企業の実務担当者を悩ませる要因となっている。

6 ｜権限委譲を考えるにあたっての視点

　上述のポリシーを選択するにあたっては，いくつかの視点が考慮されているものと思われるが，本書では，図表2－1の視点が重要ではないかとの仮説のもとに，検討を加えることにする。

図表2－1　権限委譲を考えるにあたっての視点

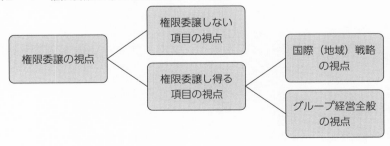

６－１　権限委譲しない項目の視点

　権限が委譲されるか，本社に留保されるかに関連して考えるべき視点として
は，その項目を本社が留保することが，その項目の性質からして経営上必須で
あると考えられるものがある。ここでは便宜上，「権限委譲しない項目」と呼
ぶことにしたい。

　権限委譲しない項目と考えられるものについては，親会社である日本本社が
実施・選択している手法による統一的な対応・経営手法をグループ全体におい
て貫徹することが必要であり，買収対象会社がたとえ買収前にそれ以外の方法
を選択していたとしても，それを継続することが許容できないものである。具
体的には，図表２－２の項目が権限委譲しない項目に該当するのではないかと
考えられる。

図表２－２　権限委譲しない項目

①	グループにおけるコンプライアンス体制の構築
②	グループ共通の会計システムの導入・構築
③	ITセキュリティ
④	内部統制報告書提出のための準備・対応

６－１－１　権限委譲しない項目①　グループにおけるコンプライアン　　　　　　　ス体制の構築

　第一に，グループにおけるコンプライアンス・法令遵守体制の構築やそのグ
ループ方針に関する事項である。グループ企業におけるコンプライアンス・法
令遵守の水準は，現地の法令がかなり特殊で，特定の地域のみに適用するべき
というような例外的な場合を除き，親会社である日本本社がグローバルにて運

用している水準に統一する必要がある。買収対象会社が，買収前に，現地の実
情を十分考慮して柔軟に対応していた（その結果として，求められるコンプライ
アンスの水準は，買手企業のものよりは緩やかではあるものの，適切に運営され，
特に問題なく運用がされていたと考えられていた）としても，買収を実施して親
会社となった買手企業が，自社や自らの他のグループ企業に課してきている水
準がそれよりも高いものであるなら，買収対象会社はその水準に合わせること
が求められる。

　グローバル企業がグループとしてこのような水準の法令遵守を決め，それを
実施する体制を構築する背景には，そうしなければならないという必要性があ
る。例えば，FCPA（米国海外腐敗行為防止法），英国反腐敗法，米国競争法，
GDPR（EU一般データ保護規則）等のように域外適用の可能性がある強行的法
規制については，その法の本来の管轄国（例えば，FCPAにおける米国）のみな
らず，自社グループが他国に持っている拠点（FCPAを例に挙げると，米国以外
の国にある拠点，すなわち日本本社および米国以外の現地拠点国）においても，管
轄国におけるものと同じレベル感をもって，その法を遵守しなければならない。
グローバル企業でその法の本来の管轄国（上記の例における米国）においてそ
の法が適用され，その法執行に従わねばならない以上，世界中の拠点（上記の
例における米国以外の国）においても同様に遵守しなければならない。もしも
海外子会社の法令遵守や法令遵守体制の水準が，域外適用の可能性を意識した
ものとなっておらず，日本本社がグループ内の他企業に要求している法令遵守
体制の水準に比して劣後しているなら，そのことは，当該法令のエンフォース
メントを所管している国の当局から，当該地域におけるコンプライアンス・法
令遵守は十分にされていないとの指摘や判定を受けるリスクを負うことになり，
当該企業がこれまでにその法律の遵守体制の構築をグローバルで進めてきた努
力を水泡に帰せしめるという意味をもたらす結果になる。グループ全体をもっ
て遵守しなければならない以上，買収で新規にグループに参入した企業につい
ても例外なく，その要求水準を満たさなければならない。

　例えば，新興国の企業を買収したところ，現地のアドバイザーを起用して事

前に行ったデューデリジェンス（DD）では特に指摘されることはなかった（現地のビジネス慣行や当局によるエンフォースメントの実情からみても，当該実務は逸脱したものではないとのアドバイザーの判断があることもあろう）が，当該国では，私人間賄賂や，なかば商慣習化しているファシリテーション・ペイメント（行政機関による手続をスムーズに進めることを目的とした金銭の支払）の実態が買収後に明らかになったとしよう。買収前の現地経営者による経営では，その地のビジネス慣行やカルチャー，市場の状況や法執行の実情などからして，それが摘発されることは現実的ではなかろうというリスクの分析や判断がされてきたのかもしれず，また買収時に買手企業が起用した現地のアドバイザーも同様の判断をしたのかもしれない。だが，そのリスク分析，リスク判断はグローバル企業では妥当しない。上述のように，グローバル企業は世界各国に拠点を有するがゆえに，域外適用のある各国の法令の適用を受ける。そのため，グローバル企業は，自社の拠点に域外適用がされて違法と評価されるリスクを回避するため，遵守レベルの高いグローバル・ポリシーを策定しているのである。そして，買収により，そのようなグローバル企業の傘下に入ることにより，買収対象会社においても，グローバル・ポリシーの適用を受け，結果的には買収前よりも厳格なコンプライアンス体制で運営されることになり，その結果として，その商慣行をなくすことにただちに対応したという事例も，頻繁に耳にする。かくして，コンプライアンス，法令遵守の体制構築については，本社からのコントロールが必須の項目となる。具体的には，行動規範，倫理規程，コードオブコンダクトなどの方針や規程の策定，コンプライアンスに関する権限規程，コンプライアンスに関するグローバル内部通報制度の策定や，相談窓口の設置や運営についての方針などは，本社において決定するべきもので，委譲し得ないものと考えられる（第4章「3　権限委譲の視点」における記述を参照）。

　もっとも，域外適用される法律についてのグローバルの方針が以上のようなものであっても，遵守の詳細な内容や手法の微細に至るまで，すべからく日本本社が決めて実行する必要はない。日本本社の実施しているコンプライアンスのレベル感を現地子会社に正確に伝え，現地子会社が従来のコンプライアンス

体制が買収後の新たな尺度では不十分とされ，より高いレベルでのコンプライアンス体制を構築，維持すべきことを認識したのであるなら，具体的な細目は，現地経営陣が判断し，実行するのでもよい。レベル感さえつかめれば，現地の人員のほうが，より効率的な実践メニューを考案できるということも十分あり得る。つまり，上記に述べたことは，コンプライアンスについて，日本本社がマイクロマネジメントすることが合理的であるという趣旨ではない。

なお，以上述べた点は，「コンプライアンス」に関してであって，法令に関することであっても，現地において現地法の規制内容に従うということとは場面が異なることに注意を要する（法令遵守という語がややミスリーディングである）。ビジネスを遂行するにあたって，現地法を遵守することは当然の要求であるが，法律の内容，特に微細な箇所は，たとえ英米法系，大陸法系という系統が共通であっても，国によって異なることは珍しいことではなく，これについては当該国の法によって遵守が求められる要求の水準に沿って対応することになる。上述したグローバル・コンプライアンスにおけるように，遵守の水準の統一を確保する必要はないことには注意を要する。

また，法令ではなく「コンプライアンス」に関する事柄であっても，以上に述べたことは，域外適用の規定が強制的に適用される場面において妥当するものであり，強制適用のない法令に関連して，企業が自らの判断で独自にコンプライアンス水準を統一しようとする場面のことを想定するものではない。その場合は，必須項目としてではなく，企業が任意の判断で遵守のレベル感について水準を統一するか／しないかを選択する自由があることになる。その判断をする際に考慮する要因については後述する。

6－1－2　権限委譲しない項目②　グループ共通の会計システムの導入・構築

「権限委譲しない項目」の2つ目として，会計などのシステムに係る事項がある。グループ企業の会計については連結ベースで決算報告が求められることが一般的であるが，決算報告を連結ベースで行うためには，グループ内におい

て会計情報を共有することが必須である。会計情報の共有を実現するには，会計システムを統一したり，あるいは互換性・共通性のあるシステムを用いたりすることが必要であり，それなしに連結決算を実現することは困難であろう。したがって，システムを統一すること，または互換性のあるシステムを導入することについては，連結での決算報告が不可となるようなシステムを現地で採用するなどの例外を許容することはないと思われる。

　また，会計報告のために必須であるという点のほかにも，グローバルベースでグループ経営を行う場合には，管理会計の体制を構築して予実管理を行う必要がある。その詳細は**第5章**において説明するが，予算を実現するためKPIを設定し，KPIの達成の進捗を測定して本社に報告されることになる。さらに，グループ会社間で同様のKPIを設定して，各国拠点におけるKPIの達成度や進捗度を比較して経営判断を進める，いわゆるダッシュボード化を行うことが，経営の効率化を高めることにもつながっている。ダッシュボード化が有効なのは，対象となる各拠点におけるビジネスモデルが共通で，比較対照するのに適したビジネス形態の場合であると思われるが，このようなダッシュボード化をするためには，会計システムの統一または互換性の確保が不可欠なのは言うまでもない。KPIの設定や測定に関しては，**第5章**の記述を参照されたい。

　買収対象会社がどのようなシステムを用いて財務や会計を管理しているのかを，DD時のインタビューやPMIの計画立案時のミーティングなどを通じて把握し，日本本社が利用しているシステムの情報と突合して，会計システムの統一化が現実的か，あるいは統一化は費用などの点からして難しいが，財務会計データの利用が可能な状態にあるのか否かなどを協議し，時間軸を定めながら実行プランを策定していくのは，現実的にも例が多いはずである。

　会計システム以外にも同様の考慮を要するシステムとして，ERPシステムがある。ERPは，Enterprise Resources Planningの頭文字をとったもので，直訳すれば資源統合管理計画となる。企業の資金や資材，人材，情報，物流などの経営資源の管理処理を統合し，それぞれについてのデータを効率良く運用していくためのシステムとして，ERPシステムが開発されており，それをグローバ

ルベースで導入している企業もある。買手企業がすでにERPシステムをグローバルで導入済みの場合には，買収により新たにグループの一員となる買収対象会社においても，経営資源の管理処理は統一的に行う必要性が高く，反対に当該企業をERPシステムから例外的に外して，別途資源管理をすることは，グローバル経営の効率を阻害することになる。したがって，ERPシステムの導入も，権限委譲しない項目と位置づけられることになる。

6－1－3　権限委譲しない項目③　ITセキュリティ

「権限委譲しない項目」の第三としては，ITセキュリティに関する仕組みがある。上記の会計システムが好例と思われるが，グローバル企業においては，さまざまなシステムがグループ内の企業間で連携して稼働している。また，サイバーセキュリティの脅威は所在する国の国籍とは無関係に，どこかの国を起点としてグループ全体に被害が及ぶことも性質上起こり得ることである。仮にある国におけるグループ会社のセキュリティシステムが，日本本社の装備しているセキュリティよりも脆弱であれば，そこから侵入する不正なアクセスやシステム障害がグループ全体に波及することへの対処がおぼつかなくなり，企業のグローバルなシステム全体への脅威となる。したがって，ITセキュリティについても，統一的な対応は必要であり，法域による水準のばらつきは許容されず，権限委譲しないという対応が要求されるのである。

6－1－4　権限委譲しない項目④　内部統制報告書提出のための準備・対応

その他の権限委譲しない項目の例としては，グループ内部統制システムの構築および方針決定がある。内部統制については，会社法において，内部統制システムの体制の整備を取締役会の決議事項と定めている（会社法362条4項）。ここでは，会社は，親会社および子会社からなる企業集団の業務の適正を確保するための体制についても，整備を求められている（同法施行規則100条1項5号）ので，親会社である日本本社は，いわゆるグループ内企業の体制構築につ

いての責務を負っているといえる。また，金融商品取引法においては，内部統制報告書とその監査の制度が定められている。内部統制報告書は，経営者が自ら会社の内部統制の有効性について評価し，評価の結果，有効であること，または重要な不備（もしあれば）を報告するものである。内部統制報告書の監査は，公認会計士または監査法人が内部統制報告書の記載事項について監査し，経営者による評価が適切かを表明するものである（金融商品取引法24条の4第1項，193条の2第2項）。

　内部統制システムは，親会社の取締役会の監督のもとで，グループ企業がそれぞれの個別の事情に応じて，システムの構築や維持を進めていくものであるが，上記の金融商品取引法に基づく内部統制報告書提出のための準備や対応も，同様にグループ企業間での統一的な対応を要する事項であり，報告書作成に向けられた，必要な情報の伝達の方法も権限委譲しない項目といえる。内部統制報告書は，上述のように金融商品取引法に基づくものであるが，この制度は，母法である米国のSox法（略称）と日本のJ-Sox（金融商品取引法の内部統制の略称）のみに特有な制度であるため，それ以外の国の現場では，なぜそのような報告が求められるのか，なぜそのような準備をしなければならないのかと，違和感をもって受けとめられ，その結果として報告書作成のための準備作業が円滑に進まない例が少なからず見受けられる。このように，日本における内部統制報告制度の内容と，その帰結として日本の上場企業のグループに所属する子会社・グループ会社も，内部統制報告書への記載が要求されていることを，現地経営陣に丁寧に説明し，現地スタッフによる提出のための準備への協力を求めることは，対応として必須になる。買収において実務上生じる軋轢の一例でもある。

6－1－5　権限委譲しない項目小括

　以上，いくつかの項目が権限委譲の文脈において，委譲をせずに本社に留保するべき項目ではないかという議論を試みた。本書執筆にあたって実施した各社へのインタビュー（第7章）においても，多くのグローバル企業において，

上記で述べたものを権限委譲しない項目とすることについては，意見の一致がみられた。他の企業においても，グローバルのコンプライアンス・プログラムの導入を検討する際に，グローバル・コンプライアンスの水準感を統一する例は少なくない。この場合，理論的には強行法規である域外適用がある規定を想定するべきであり，それ以外の法規のコンプライアンスについては統一的運用が要求されるものではないのであるが，それらも含めて，包括的にグローバルコンプライアンス・プログラムを策定している例もあると聞いているところである。

6－2　権限委譲し得る項目の視点

　以上に述べた権限委譲しない項目については，選択の余地なく，本社において権限を留保するという運用に合理性がみられるし，そうであるからこそ，この運用を行うグローバル企業の例も多い。

　では，権限委譲しないことが必須ではなく，権限委譲のオプショナルな面を考えるにあたっては，どのような視点が重視されているだろうか。

6－2－1　国際（地域）戦略の視点

　国際（地域）戦略については，第1章にて詳細を述べたとおりであるが，この国際（地域）戦略の視点は，いわば経営の根幹的な考え方として，権限委譲においても手がかりとなっているように思われる。本社集権型の経営戦略を採用している企業においては，例えば，地理的な距離や国境にかかわらず取り扱う製品が共通しているような場合には，製品の品質管理やサプライチェーンについても共通した尺度，見方をもって管理することが容易であることから，中央集権的な，本社の手法によって染め上げるスタイルのマネジメントがなじみやすいということができる。このような企業の場合には，戦略としても本社集権型の経営戦略を採用し，企業は，運用にあたって国際的に標準となるような運用指針を策定し，国際標準に関わる箇所については，本社が決定権を確保することになるのが自然である。そのほうが機能や業務が重複することなく集約

され，経営の効率性やスピード感を高めることにつながると考えられる。また，このような経営戦略が妥当する場面では，本社が決定権を確保するほうが，現地経営陣により多くの裁量を持たせるよりも，地域による経営のクオリティにばらつきが生じる可能性は低くなるというメリットもあるだろう。取り扱う製品やビジネスの特性からして，そのほうが望ましいとの判断につながりやすい。

　次に，地域分権型の経営戦略によっている企業の場合には，そのビジネスモデルや経営の成果・パフォーマンスは，国，法域に応じた現地顧客への対応力が問われるものとなっていることに起因することが多いといえる。現地の市場や顧客にとって，より訴求力のある商品やサービスがいかなるものであるかをより深く知っているのは，現地の人材である。そのため，地域分権型のマネジメントになじみやすく，比較的広汎な裁量を現地の経営陣に委ねる権限委譲のほうが適しており，ビジネスの成功度が高まる可能性が高いと考えられる。

　また，取り扱う事業のポートフォリオが多岐にわたる企業の場合には，事業形態が多角化していることと，各事業における海外ビジネスの深度が異なっているために，権限委譲についても全社的に統一された方針は，経営戦略の観点からは導かれるものではない。下記に述べるように，仮に統一された方針を持っている企業があるとしても，それは経営戦略に由来するというよりも，むしろ他の要因を考慮したうえでの判断によるものではないかと考えられる。

6-3　グループ経営全般の視点

　経営戦略の面については前述したとおりであるが，買収や海外展開を進めていく過程においては，戦略以外の要因を踏まえて経営判断をしていくことになる。当然のことであるが，海外の事業展開は，何もない白いキャンバスの上に描いていくような作業ではなく，既存の拠点，所与の条件，時の経過などをも考慮に入れながら，買収により傘下に収めた企業を含めて，当該企業グループの全体最適をどのように実現していくのかを体現する経営判断となる。そのような経営判断においては，権限委譲をめぐっても，さまざまな要因を考慮しながら，効率性を重視する判断，機動性・フレキシビリティを重視する判断など

を行い進められていくことになる。例えば，買手である日本企業よりも買収対象会社のほうが，過去に国際的な大型買収を繰り返してきたなどの理由により，日本企業よりも優れた国際的経営の仕組み・ガバナンスを持っていたというような事案もある。この場合には，そのより優れた仕組みを利用して，買収対象会社を，その営む事業の主軸に据えて，買手企業の有していた既存の事業についても，当該買収対象会社を中心とした事業の一部と位置づけて運営するということも，実際には起きている。このほうが，より効率的に事業を展開できる成功確率が高いであろうとの判断によるのだろう。買手のほうが当該事業の経営に秀でているとの保証はなく，特に海外という新たな市場への進出が未知数である事柄が多いという日本企業にとっては，すでに当該事業を国際的に経営していた買収対象会社に操縦させる経営判断がより合理的といえよう。ヒアリング結果の中には，事業についての本社機能（BHQ）を海外子会社に委ね，当該子会社を中心にその事業を運営させているという事例もあった。

　また，買収対象である事業が買手にとってそれまでに知見のない新たな事業であり，同社の事業ポートフォリオに新たな事業を付け加えるという買収の場合には，新規参入をする立場の日本本社よりも，それまで当該事業を遂行してきた買収対象会社がスピード感をもって主導的に経営の意思決定をできる体制にしていくほうが，事業拡大の成功確率が高いこともある。他にも，既存の事業ラインに，新たな一事業を加えることによって，事業ラインの川上から川下まで一気通貫で，一体として顧客に提案する体制を整えた買収の例もある。そのような買収によって組成・成立した新たな事業については，従来の親会社である日本本社が権限を留保するのが良いのか，必ずしもそうはいえないのかは，事業を推進する効率性の点や，柔軟性の点等をあわせて考慮していくことになる。

　以上に述べた要因のほかに，個別の企業における文化，意思決定方法の癖や習慣のようなものについても見逃せない。ある経営課題を解決していく際のアプローチのしかたは，企業により千差万別なところがある。権限規程などのルールは別途定め，それに従うものであるとしても，企業の意思決定のスタイ

ルは，親会社・買手が，子会社やグループ会社ともコンセンサスを確保しよう
という空気が醸成されているという企業もあれば，むしろ，ある種オーナー企
業的体質ともいえるような，ワンマン的，上命下服的な意思決定の仕組みをデ
フォルトのスタイルとして，諸々の経営課題を解決していく空気が支配的な企
業もあろう。このような企業文化の側面は，買収後のグループにおける意思決
定のしかたに影響を及ぼす要因となり得る。

7 ┃ ガバナンスを実効化するための仕組み──モニタリング

7－1　モニタリングの必要性

　海外子会社のPMIの方法として，日本企業流に染め上げるのか，あるいは委
ねるのかの態度決定を行い，仮に現地経営陣に委ねるという判断をした場合で
あっても，そのことは，もはや買手である親会社（日本本社）が関与しないと
いうことを意味するものではない。実際に，権限委譲による経営がうまく機能
しているのか，すなわち，当初の買収計画や事業計画における目論見どおりに
業績が向上しているのか，あるいは，業績向上の方向にベクトルが向いている
のかについて，必要に応じて実行方法の修正を図る機能が仕組みとして作られ
ていなければ，業績向上の成否を測りがたく，軌道修正も困難である。買収計
画や事業計画を当初から想定どおりに達成するために十分な情報をもって策定
できている保証はない。DDにおいて詳細な情報がすべて開示されている保証
はないし，また，買収計画や事業計画の策定時には想定し得なかった事象が発
生するために，計画未達となることもあり得るが，そのような事象が発生した
ときには，その時点からの修正も行い，軌道修正を行うことを現実的な打開策
にすることができるような仕組みが必要である。また，その実現のためには，
必要な情報が適切に，親会社（日本本社）に伝達していることも前提条件とし
て必要となる。情報が意図的に隠されたり，不正確なものが親会社（日本本社）
に伝達されていたりしたのでは，軌道修正や是正はおぼつかない。さらに，現

地の経営陣が，権限委譲されたことを奇貨として，被買収企業の犠牲のもとに
自らの利を図るような利益相反的な行動に出たり，あるいは不正や違法な行為
に手を染めたりした場合には，それを察知し，早急に手当てができる体制に
なっていなければ，買収の成功の確度はますます低下することになる。このよ
うに，権限を付与することとモニタリングとは，表裏一体であり，買手企業と
現地経営者とが権限委譲とモニタリングを適切に行い，それに基づいて経営が
推進されることで機能を発揮するものといえる。すなわち，モニタリングは，
権限委譲による経営の効果が阻害されることを防ぐための装置なのである。

7－2　モニタリングの対象

　それでは，モニタリングするべき対象として，どのようなものを考えればよ
いか。モニタリングの目的とするところや必要性は7－1で述べてきたような
ところにあるので，モニタリングにより確認をするべき箇所は，(1)現地の経営，
意思決定のプロセスについて，法令・社内規程や通常行われる運用に照らして，
特異であったり不自然であったりするところはないか，(2)親会社（日本本社）
に伝達するべき情報の透明性が保たれているか，(3)現地経営者の利益相反，不
正，違法等のおそれのある行為の有無，(4)買収計画や事業計画などにおける買
収対象会社の計画の進捗度，達成度が考えられよう。このうち(1)から(3)までが，
内部統制としてのモニタリングであり，(4)が事業モニタリングである。

　(1)は現地経営者のする判断の微細に立ち入ることを求めるものではない。モ
ニタリングの当事者（具体的な主体については後述する）からみて，プロセスに
特異性や不自然さがみられないかを確認することでよいであろう。他方，モニ
タリングと称して判断の微細に立ち入るマイクロマネジメントは，権限委譲を
する意味，実益を没却するものであるから，行うべきではない。

　(2)の情報の透明性は，権限委譲の前提となる事項である。適切な情報が親会
社（日本本社）に伝達されることで可視化され，権限委譲を受けた現地経営者
がどのような情報のもとで経営をしているのかがわかる状態にしておき，イレ
ギュラーな行為が行われていることが判明した場合に対処できるようにしてお

くことが，権限委譲におけるフェイルセーフの仕組みである。

　(3)の現地経営者の利益相反，不正，違法等のおそれのある行為は，権限委譲による経営体制において，権限を委譲した親会社（日本本社）経営陣の信頼を裏切る，最もあってはならないことである。それらの行為が発生するおそれや予兆がないかについて，モニタリングする必要があることは当然であろう。

　(4)の買収計画，事業計画などにおける買収対象会社の計画の進捗度，達成度は，買収の目的の達成そのものを測定する手段であり，仮に不達の場合に軌道修正，是正を行えるようにすることが，買収が成功する確度を高めることにつながるのであるから，その必要性はいうまでもないだろう。軌道修正や是正の方策を実行することなしに，例えば減損判定の時期まで拱手傍観するのでは，M&Aでの成功の道は遠いものとなろう。

7－3　モニタリングの担い手

　次に，モニタリング行為を実際に行う担い手について検討する。モニタリングを行う主体としては誰が考えられるだろうか。

7－3－1　モニタリングの2つの視点

図表2－3　モニタリングの2つの視点

| (1) | 組織・体制上本来的に存在するものと，必要に迫られて置かれる組織・担当者 |
| (2) | スリーラインモデル（三線モデル）[1] |

　モニタリングの担い手に関しては，2つの視点が重要であると考えられる。

1　IIA（内部監査人協会）が2020年7月20日に公表した「Three Lines Model」を意味している。

(1)　**組織・体制上本来的に存在するものと，必要に迫られて置かれる組織・担当者**

　１つ目の視点は，会社の組織体制の中にある，①本来的にモニタリング機能を有している担い手と，②組織体制上はもともと存在しなかったが，現実の必要性に迫られてモニタリングのために置かれる組織や担当者である。

　①の例としては，日本企業における監査役や監査等委員である取締役，内部監査部門，一般的に置かれていると思われるコーポレート部門，あるいは管理部門などと称される部門における各部署である。これらの組織には，事業部門による事業の遂行に対して牽制や抑制を行うことが職務として予定されているはずであり，モニタリングの担い手として機能することがもともと予定されている。

　これに対して，②の，現実の必要性に迫られて設置される組織や担当者は，買収や事業推進の後に対症療法的に置かれることが多く，①によるモニタリングをもって事業遂行の軌道修正がなされるのであれば設置される必要もないはずである。しかし，現実には，買収後の事業の進捗が事業計画や買収計画から乖離しているが，本来的なモニタリングの機関である①の部門の働きでは軌道修正が達成できる可能性が低いと考えられ，②の組織や担当者がいわば特命的に設置されることも少なくない。

　例えば，本社から当該個社に派遣された駐在員や，本社と当該個社との連携を図るために設けられたブリッジ機能を果たすべき本社従業員などが置かれることがある。これは，本社と買収対象会社との連携・協働を推進するのを職務とするのであるが，本社側においても，買収後に現地経営者と適切な意思疎通を行うスキルを有した人材を配置することにより，現地経営者をサポートしながら，全社最適を同時に推進するファンクションとして注目されている。その他に，買収対象会社の取締役会に非常勤の役員を本社から派遣し，取締役会での議論に関与させるのも，本来的なモニタリングの機関だけでは不十分ではないかという問題意識から生じている事象ではないかと思われる。また，ヒアリングの中では，RHQ内に，新たにグループに加わった企業（買収対象会社）の

ためのオフィスアワーを設けるなどの，ソフトなアプローチを実施しているという事例にも接した。考え方としてはブリッジ機能と同様と思われる。

(2) スリーラインモデル（三線モデル）

　2つ目の視点は，リスク・マネジメントにおけるスリーラインモデル（三線モデル）の考え方である。三線モデルの考え方においては，ディフェンスラインは，第一線が業務執行者（ビジネスのオーナーとしてのリスクコントロール），第二線が財務部，法務コンプライアンス部，リスク管理部など，業務執行からは離れた立ち位置にあるいわゆるコーポレート部門，管理部門，そして第三線が業務執行や管理部門から独立した内部監査部門や監査役・監査等委員等のいわゆる監査人（auditor）から構成されている。

① 第一線

　この考え方を権限委譲された買収後の経営に当てはめて考えてみると，第一線としてまず考えられるのは，現地経営陣の報告先（レポート先）である。

　日本の企業においては，組織図の上での上長にとどまらず，上層部経営陣にすべからく報告をして彼らから相応のコンセンサスを得て物事を進めるという協調的ボトムアップによる意思決定の方法は珍しいものではない。だが，このような方法は，グローバルな企業経営においては稀有であり，海外子会社が所在する多くの国においては，定められているレポートラインをないがしろにするものとして，奇異に映っていることは否定できない。多くの国では，特定の人間がレポート先となり，上長以外への対応は非公式のレポートライン，またはそもそもレポート先などではなく，非公式な情報共有と位置づけられている（第3章「8-4　RACIチャート」および第4章「4　RACIチャート」の記述を参照）。そして，レポートラインの先の人間が自分のパフォーマンスについて人事評価を行い，昇進や昇給などの決定権限を持つ。したがって，レポートする側の現地経営者は，レポート先の上長を満足させるように，その者の考えている戦略や考えに合うような施策を講じようとするし，直属ではない他の上位者

（その者が組織図上の上位者であってもである）の考え方は参考意見とはするものの，それ以上の意味があるものとは位置づけずに，直属のレポート先の反応や感想を踏まえて行動すればよいと考える。したがって，レポート先となる上長としては（誰をレポート先にすべきかという議論もあるが，それはひとまず措く），その枠組みを利用して，現地経営陣から必要と考える情報や事実を報告させ，それを検討したうえで，必要と考える指示や軌道修正をする。これが最も直截的なモニタリングの方法であり，グローバルに受け入れられている考え方といえる。日本企業に見られる協調的なコンセンサス・ベースでの意思決定を，日本人以外の現地経営者に尊重させようとすることは，その目に見えないルールないしビジネス慣行を理解することも困難であり，反対に，信頼感がないがゆえにそのような余計な負担を課しているのではないかとの疑いを惹起させることもあるため，現地経営への阻害要因となりかねないので留意する必要がある。

②　第二線

　第二線に相当するものとしては，当該個社における財務部，法務コンプライアンス部，リスク管理部などのコーポレート部門がある。これらの部門は，その職責に事業部門の監視・抑制機能を本来的に含んでいるはずであり，その機能が発揮されればモニタリングが実現できるように組織の仕組みが作られているはずである。

③　第三線

　そして，第三線として，個社自体の内部監査部門や本社の内部監査部門，また，親会社の監査役等のいわゆる監査人がある。個社の内部監査部門や親会社の内部監査部門は，それぞれ事業年度期初に設定した監査計画に定められた内容に従って，期中に監査を行うことになる。親会社の内部監査や監査人監査は，必要に応じて子会社内部監査部門の協力を得ながら連携して行われることもあろう。また，期初に設定した監査計画にない項目であっても期中に何らかの予兆や特異または不自然な現象が認められた場合には，その点について深掘りを

して，事実確認や是正すべき問題点を指摘することになる。その監査はまさしく，上述した対象項目をモニタリングすることに他ならないのである。

図表2－4　スリーラインモデル（三線モデル）

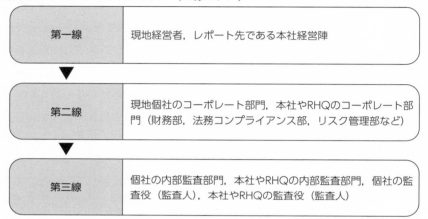

第一線	現地経営者，レポート先である本社経営陣
第二線	現地個社のコーポレート部門，本社やRHQのコーポレート部門（財務部，法務コンプライアンス部，リスク管理部など）
第三線	個社の内部監査部門，本社やRHQの内部監査部門，個社の監査役（監査人），本社やRHQの監査役（監査人）

7－4　モニタリングの手法

　以上に述べたモニタリングの担い手が行うのは，現地経営者の業務執行の監視や監督である。それを通じて，(1)現地の経営，意思決定のプロセスについて，法令・社内規程や通常行われる運用に照らして，特異であったり不自然であったりするところはないか，(2)本社に伝達するべき情報の透明性が保たれているか，(3)現地経営者の利益相反，不正，違法等のおそれのある行為の有無，(4)買収計画や事業計画などにおける買収対象会社の計画の進捗度，達成度について確認していくことになる。

　担い手によるモニタリングはその名のとおり，「人」によるモニタリングであるが，人以外にも制度やシステムによって実現するモニタリングもある。例えば，(2)の情報の伝達に関しては，会計や他のシステムの統一化や互換性の確保によってダッシュボード化し，ことさらに現地スタッフという「人」による「報告行為」がなくても，正確な財務情報が日本本社に伝達されるよう，仕組

み化するという方法もある。

　また，社内規程として，一定の事項を「要報告事項」と定め，それらの事項については，強制的に報告をしなければならない状況に置くという手法もあり得るところである。現地の経営陣や従業員が「報告を上げる」行動を介在させるのではなく，システムにより，現地経営者の意思決定の状況をガラス張りにし，現地スタッフの手を介することなしに情報入手が可能な仕組みにしてしまうことも，モニタリングの方法としては有効となろう。

7－5　モニタリングの効果

　モニタリングを実施した結果，買収で実現しようとした目的からの乖離がみられる場合には，現地経営陣に意見を伝え，協議をして軌道修正をする必要がある場面もあろう。従来の計画に拘泥することなく（乖離の原因解明は必要となろうが），乖離の解消のための打ち手を検討し，策定・実行し，その達成状況をモニタリングを通じて確認することになる。

　買収した事業が本社にとって新規のビジネスである場合には，是正のための打ち手が簡単に効果を発揮しない例もある。そのような場合には，より根源的な原因を探ることが必要になり，さらなる打ち手として，現地経営者の解任などにつながることもある。

　なお，権限委譲とともにモニタリングを実施して，PMIの達成度を高めていく中では，グローバルでのグループ経営という観点から，これらモニタリングの考え方が，グループ内にどのように浸透し，展開されるかという視点も重要となる。選択された経営戦略の型の中で，コンプライアンスのオーナーシップを本社が担うのが適切なのか，それとも一定のグループ会社に関してはRHQに本社の権限を委譲して，RHQが本社に代わってコンプライアンス的な監視を行うのがよいのか，という点も議論されなければならない。上述した型に応じて行った権限委譲の実情に照らして，モニタリングの主体として，RHQが適切かを判断すればよいだろう。

　また，同様の考え方に基づく職制として，本社側に，「ブリッジ」のファン

クションを置いている事例もある。

　さらに，ガバナンス体制の構築は，会社の個別事情に依拠する部分も多く，長期に妥当し得る一定の解を見出すことが困難であることから，一定の年限（例えば5年後を目途）を定めて決裁規程等のガバナンス体制を再度見直すこと（具体的には，時限性のある規程であり，一定期間経過後に見直しを行うことを規程中に定めておくなど）を，あらかじめ仕組みとしてビルトインすることも有効な策である。

8 ｜ ガバナンスを担う人材のスキル

　ガバナンスの実効性を考えるにあたっては，権限を有して現地経営の担い手となる経営者として，どのような人材が良いのかについても考慮が必要である。「7－3　モニタリングの担い手」で上述したように，親会社である日本企業の見地からは，監視役となる駐在員の派遣や，本社に置くブリッジのファンクションを担当する人材を設けることも重要であるが，より直截的に，現地経営者のソフトスキルとしても，日本企業のもとでの経営スキルを考える必要があるのではないか。一言で言うなら，日本企業のブランド・のれんを背負いながら，現地でビジネスの拡充を図れる人物ということであろうが，具体的には，以下のような項目を満たしている者には適性があるように思われる。

8－1　当該事業についての習熟度

　これまで当該企業を経営してきた人物であれば，当該事業についての習熟の度合いは当然のことながら高い。しかしながら，当該事業が日本企業の傘下となったという一面が付け加えられたうえで，発展，展開させていくことについて，そのビジョン，絵姿を描ける人材であるかという条件をも満たし得る人材がふさわしいと考えられる。

8－2　事業戦略に由来する日本企業の権限委譲の考え方への理解・親和性

　前述した企業戦略の視点に通じるところであるが，日本企業における権限委譲のしかたは必ずしも戦略の型に対応したものではなく，変容を加えている部分があることも少なからずある。その変容の部分は，往々にして日本企業でビジネスをする者以外の者にはわかりにくい，日本流の慣習や癖のようなものを内包するところであるが，日本企業傘下の海外グループ企業でビジネスをする者がそれを理解できるか，あるいは理解には至っていなくても，そのようなやり方を認知し，是認するだけの親和性があるかも鍵になると思われる。

　より一歩進んで，日本企業や日本流のビジネスのしかた，例えば中期経営計画の期間を1つのクールとして設定し，その時間軸をもって経営を考える枠組みや，意思決定をトップダウンではなくボトムアップで，しかも何層かにわたってコンセンサスを形成する方式での協調的な意思決定の仕組みについて，理解や親和性があるかも重要である。かつて，ある日本企業が欧州に設立した現地法人にて現地採用したマネージャーが，その後転職をした。その日本企業が海外買収戦略に舵を切り，より規模の大きい現地企業を買収していく中で，ある買収対象会社を経営していたのがそのマネージャーであり，買収対象会社のみならず当該日本企業の欧州拠点全体の経営者となった事例もある。現地のビジネスへの習熟度に，同社のアラムナイ（OG/OB）として日本流の手法を再活用することで，成果を上げていった事例といえる。

　日本企業の側が，経営体制面においてグローバル化が進み，例えば本社機能を国外に置いたり，公用語を英語にしたりするなどの動きが進んだ場合には，当然のことながら，日本との関係で特有な，上記の項目の重要度は下がることになる。

　以上に述べた要素を満たすかを判定して現地経営者として指名し，買収後の経営を担当させるのであるが，その者が買収後の経営者として適合しているかの判定は容易ではない。現地の雇用労働法を参照しつつ，雇用における試用期

間のごとく，一定期間試しに担当させてみて，適合していると言いがたいならば，交代を考えるということも当然視野に入れなければならない。

8-3　モニタリングのためのスキル

　ここでは，モニタリングに必要なスキルセットについて一言する。モニタリングにおけるスリーラインモデル（三線モデル）の考え方について前述したが，各ライン（線）において必要なスキルについて述べる。いずれもビジネスに付随するリスクが何かについての認識を有し，具体事象においてそれを感知し，分析・判断して対応する能力という点では共通しているが，その範囲や深さという点では，ライン（線）ごとに必要なスキルは異なっている。

　まず，第一線であるが，ビジネスのオーナーとして，積極的にとるべきリスクはとっていく一方で，それとともに，ビジネスを推進する中にリスクが内在しないか，リスクがあるとして，その影響の大きさや勃発可能性の大きさはビジネス推進をいったん止めたり，他所への相談を検討するなどの手当てが必要ではないかと立ち止まる，いわばリスクの大きさを見極めてアクセルとブレーキの踏み分けをする能力が重要である。

　第二線については，例えば法務部，コンプライアンス部，財務部などそれぞれの職務部門におけるリスクの項目が何かについての深い知識や，それぞれのリスク項目についてのリスク認識能力，リスク事象の勃発時における最悪のシナリオの想定などについての知識など，担当部門に関連するリスクについてのより深い，専門的な理解を，全社最適の見地から有していることが必要となる。時には当該部門の立場から牽制機能を行使することにより，また時には，ビジネスオーナーである事業部門などからの照会や相談に応えることで，これらリスクへの対応を行うことが求められる。

　第二線には，ソフトなアプローチで，現地のビジネスの第一線から一歩下がったところで，現地法人と本社を連携する駐在員やブリッジパーソンも含まれるが，これらは，一方でビジネスオーナーである現地経営者に助言や支援を行う立場であるが，他方で，本社へのモニタリングを行う責務の面では第二線

に位置づけている。これらの者のモニタリングのためのスキルは，アクセルとブレーキの踏み分けという第一線で求められるスキルと，本社側の全社最適の視点からのリスク分析という第二線で求められるスキルの両方が求められていると考えられる。このポジションは緊急避難的に置かれる場面もあり，その場合には，ポジションが要求するスキルセットというよりも，ポジションに就く個人の資質に依存している実情もあろう。

　第三線については，第二線以上にビジネスオーナーから遠い立ち位置からの監視・監督による牽制となる。ビジネスオーナーから日常的に照会や相談がされることは想定しにくく，リスク項目に関する情報入手の可能性も限定される。そのような状況下で，第三線が適切なモニタリングを行うには，リスク要因となる項目，特にそれらの予兆となり得る事象を理解して，予兆が感じられる際に，遅滞なく適切に問いを発し，しかるべき情報の提供を第一線や第二線の部門に求めるなどの行動に出て，調査の結果，ビジネス推進の方向性に修正が必要と判断した場合に，そのフィードバックを躊躇なく事業部門や経営陣に報告することが求められる。第一線，第二線で目にとまらなかったリスク項目について，限られた情報の中からリスク管理の端緒となる情報を入手する能力が求められる。

「攻め」と「守り」の グループガバナンス における地域統括機 能のあり方

1 | はじめに

　これまで第1章および第2章で述べているとおり，海外買収子会社の統治モデルのあり方については，多角化戦略に基づく事業モデルのあり方および国際（地域）戦略ならびにグループガバナンス（グループ経営を統括する組織設計とガバナンスを推進する仕組み構築），リスク・マネジメントおよび内部統制（内部統制は適切なリスク・マネジメントとも言われている）のあり方により決せられる。グループガバナンスの観点からは，①グループ本社機能のあり方やグループ経営の形態などグループ経営を統括する組織設計が重要になるとともに，②決裁権限規程の整備など権限委譲・責任の所在の定義や資源配分システムの整備，資金マネジメント体制整備，人材マネジメント方針の確定，モニタリング・監査体制の整備，そして有事の際の危機管理対応などコンティンジェンシー体制の整備などのグループガバナンスの推進に必要な仕組みの整備が必要になる。第2章，第4章および第5章では上記②のグループガバナンスの推進に必要な仕組みの整備の点について主に触れているが，本章では上記①のグループ経営を統括する組織設計の観点を中心に触れる。つまり，日本本社（GHQ）が直接グループ子会社を所管する場合もあれば，事業上の本社機能（BHQ）がグループ子会社を所管する場合，地域ごとの地域統括会社（RHQ）が当該国・地域のグループ子会社を所管する場合などさまざまな形態がある。また，RHQの活

用に関しては，(i)GHQの本社機能のうち第二線，第三線の機能をRHQに一部切り出して，当該国・地域におけるグループ会社の第二線，第三線を補完させるケース，(ii)BHQの事業上の本社機能を切り出して地域の戦略企画・推進を担いつつグループ全体では第一線を補完するケース，そして(iii)RHQにこれら(i)や(ii)のような機能は持たせずに，当該国・地域の会計・税務，財務，人事，法務などの業務のシェアド・サービスの提供に特化させるケースの3つがある。本章ではグループ経営を統括する組織設計の中でも主にこのRHQのあり方や役割に焦点を当てて論じることとする。

図表3-1　事業モデルと統治モデル

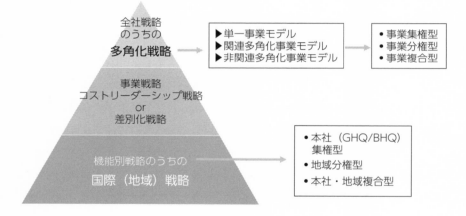

1-1　多角化戦略に基づく事業集権型モデルおよび事業分権型モデル

　まずは多角化戦略を採用しているか否かで，単一事業を展開している企業グループなのか，多角化事業を展開している企業グループなのかが異なり，後者については多角化している事業それぞれが相互に関連しているか，それとも関連していないかという事業モデルによって権限委譲モデルが異なる。例えば，一事業体の場合には，資本構造上のいわゆる親会社であるGHQ（本章において

日本本社を想定）が，1つしか存在しない当該単一の事業に権限委譲をする，という事態はあまり想定されず，GHQ自身が事業上の本社機能（BHQ）を発揮することが一般的であるため，事業集権型モデルを採用することが通常である。他方，関連・非関連多角化事業体の場合には，GHQが事業に関する意思決定をする全権限および責任を留保するという事業集権型モデルを採用する場合もあれば，事業に関する意思決定はBHQに大幅に権限委譲し，BHQが責任を負うという事業分権型モデルも採り得る。

事業分権型モデルを採用する際に，必ずしもGHQとは別の法人格に事業本社機能を与える必要はなく，GHQがAという事業の権限と責任（BHQ機能）を有しつつ（この場合，A事業については事業集権型モデルを採用），Bという事業についてはGHQ内のB事業責任者へ事業上の権限と責任（BHQ機能）をすべて委譲する，というパターンも想定される（この場合，B事業については事業分権型モデルを採用）。つまり，同一法人格内に事業が存在する（上記ケースではA事業・B事業の両方とも同一法人内）からといって，法人格を基準に事業集権型モデルか事業分権型モデルかが決まるわけではないことに留意する必要がある。

なお，本書において，資本関係上グループの頂点に位置する親会社をGHQといい，事業本社をBHQと呼ぶ。なお，GHQがすべてまたは一部の事業のBHQを兼ねる場合もある。GHQ，BHQ，RHQについては図表3-2を参照されたい。

図表3－2　GHQ，BHQ，RHQのイメージ図（図表1－5再掲）

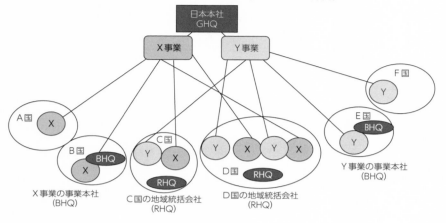

1－2　国際（地域）戦略に基づく本社集権型モデル，地域分権型モデルおよび本社・地域複合型モデル

　事業モデルを基準とした事業集権型または事業分権型モデルとはまた別の視点で，単一事業体か多角化事業体かにかかわらず，1つの事業体についていかなる対地域の戦略——国際（地域）戦略を採用しているのかによって，特定の国や地域に対する権限委譲の範囲が決まる。すなわち，GHQやBHQに権限を集中させる本社集権型モデル，国や地域のグループ子会社やRHQに権限を委譲する地域分権型モデル，そして一事業の中の製品ごとや機能ごとに国際（地域）戦略が異なる本社・地域複合型モデル（A製品は本社集権型モデル，B製品は地域分権型モデルというケースや，R&D機能は本社集権型モデル，マーケティング機能は地域分権型モデルというケースなど）の3つのパターンが想定される。

1－3　グループガバナンス，グループリスク・マネジメント体制および内部統制の視点からGHQに留保されるべき責任と権限

　組織設計においては，戦略と事業目標を達成するための業務構造の確立が求

められ，その際には事業軸，地域軸，機能軸など多面的な軸を上手に調整しなければならない。そして，グループ組織設計においては，迅速な意思決定と一体的経営や実効的な子会社管理等の必要性（グループガバナンス，リスク・マネジメント体制，内部統制）を総合的に勘案し，分権化と集権化の最適なバランスを検討しなければならない。

　まず，事業部門への分権化を進める場合（GHQからBHQへの分権化の場合のみならず，BHQから特定の国・地域の事業子会社への分権化を含む）には，事業モニタリング（管理会計を通じた業績モニタリング）や事業部門の長に対する人事・報酬決定権および指揮命令権を通じたコントロールの確保が重要である。

　また，事業についての分権化の有無にかかわらず，特定の国や地域のRHQのコーポレート・ファンクション（人事，法務，ファイナンスなど）に，本来GHQのコーポレート・ファンクションが所管するグループのリスク・マネジメントやコンプライアンスなどを分権化する場合（守りばかりではなく，攻めの機能も期待して分権化することが理想であるが，ここでは守りの意味），かかるコーポレート・ファンクションの実効的な機能発揮のため，事業部門からの独立性を確保し，機能軸で垂直的にグループ内で統合されるべきである。例えば，A国のA社の人事部門の長のレポートライン（指揮・命令系統）はA社の社長ではなく，A国のRHQの人事部門責任者の長へ，RHQの人事部門の長のレポートラインはBHQの人事部門の長へ，BHQの人事部門の長のレポートラインはGHQの人事部門の長へという具合である。つまり，機能別ガバナンスの観点から当該機能軸がグローバルで有効に機能しているかについてGHQの当該機能部門の長（CXOなどの担当役員等）にその責任と権限が留保されるべきといえる。

　さらに，グループガバナンス，リスク・マネジメント体制，内部統制の実効性確保・向上の観点から，GHQの内部監査部門のミラー組織として特定の国や地域のRHQに内部監査部門を設置し，当該国・地域における事業部門およびコーポレート・ファンクションに対する内部監査に関する責任と権限を委譲することも考えられる。その場合も，レポートラインはGHQの内部監査部門

の長とし，GHQに最終的なグローバルの内部監査に関する責任と権限は留保
されるべきである。

図表３－３　統治モデルと三線モデル

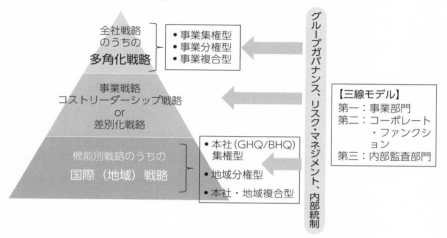

2 ｜ 国際（地域）戦略と地域統括機能の関係

　前述のとおり，国際（地域）戦略に基づき，対地域の権限委譲について，①
本社集権型モデル，②地域分権型モデル，③本社・地域複合型モデルの３つの
パターンがあるが，これらのモデルは親会社であるGHQと子会社との１対１
の関係，すなわち１つの事業を前提に，GHQに責任と権限を集約するか，特
定の国・地域の子会社に責任と権限を委譲するか，はたまた商品や機能ごとに
集権と分権を組み合わせるか，という考え方が基本となっている。

　しかしながら，多くの日系グローバル企業においては，その企業活動を
GHQと子会社１社との１対１の関係で把握することは不可能に近く，複数の
事業を有し，各事業に分権していたり，事業ごとに同一国・地域にそれぞれ複
数の子会社を展開していたり，日本本社（GHQ）は純粋持株会社で事業の拠点

が日本にすらなかったりと，そのコーポレート・ストラクチャーは極めて複雑な構造となっている。

　本章では，かかる複雑なグローバル統治モデルにおいて，どのような場合に特定の国・地域にRHQ機能（新たなRHQとしての法人を設置する場合に限らず，既存の事業子会社などにあわせてRHQ機能を担わせるという場合も含み，RHQそれ自体が法人格を有するか否かにかかわらない）を設置すべきか，また，どのような機能をRHQに期待すべきかということを，多角化戦略に基づく事業モデルや事業集権型モデル，事業分権型モデル，国際（地域）戦略に基づく本社集権型モデル，地域分権型モデル，本社・地域複合型モデルに沿って論じる。

3 ┃ 地域統括機能

　従来，日本企業における地域統括機能は，海外の現地法人をGHQが直接管理し切れない点を補う存在として，中間的な管理機能として設置したものが多くみられた。しかしながら，グローバルPMIで成功している多くの欧米のグローバル企業は，地域統括機能を設置する目的を，当該地域に進出している子会社の事業を当該地域に密着し当該地域ならではの手法で支援し，その成長を促すためと考えている。

　もちろん，単一製品をグローバル展開するような単一事業型モデルの企業が本社集権型モデルを採用するような場合には，GHQによる直接の管理体制で十分であり，当該地域固有の支援が必要ない事業もあるのかもしれない。しかし，それでも，当該国・地域に複数の子会社が存在し，特に当該国・地域の企業を買収したような場合には，GHQからの経営管理が十分に実行できるとは思えない。少なくとも法令・規制・慣習など地域共通の事項は存在し，地域ごとにスタッフ部門の所管業務であるところの当該国・地域内の子会社のアドミニストレーション業務（以下「間接業務」という）をシェアド・サービスの形でRHQなどが支援したほうが効率的な場合もあろう。効率性だけではなく，人事の施策などは当該国・地域特有の法制度や慣習などが大きく影響する分野な

ので，その観点からも当該国・地域で共通の施策を複数の子会社に適用するため，子会社とは独立した存在としてRHQの存在は理想的であろう。

　また，間接業務をシェアド・サービスの形態で支援するものから，一歩進んでR&Dやマーケティング，ブランディング，さらには新規事業創出やM&Aの「支援」までRHQに期待するケースもある。

　今後はますます事業環境の不確実性は増すばかりであり，GHQが一括してタイムリーに海外各国・地域の事業環境や競争環境，顧客特性などを把握し，変化を予想することもさらに難しくなるといえよう。また，コンプライアンス強化が叫ばれる中，海外各国・地域の各種法制度や規制に関する最新情報をGHQで常時アップデートすることも不可能に近いのではないかと思われる。その他，昨今の日本のグローバル企業は，M&Aなどを通じて１つの国や地域に複数の子会社を有する場合も多く，かつ，子会社ごとに規模や戦略，事業内容に差があるような場合にはGHQや（事業の分権を進めている企業においては）BHQが世界中の子会社に対して細かい点まで常時目配りすることなど不可能に近い。さらに，2020年からの新型コロナウイルスの世界的な感染状況下で，国境を越えての往来が制限される中，また，各国で感染状況や国の政策が異なる中，ますますGHQやBHQが，コロナ禍のような緊急事態下における海外子会社の運営やリスク・マネジメント，従業員の健康と安全を守ることが難しい状況が浮き彫りになってきた。加えて，近年の米中冷戦に端を発した経済安全保障政策により，特に新興技術に関する開発や生産については，多国籍経営（販売市場国現地に工場や開発拠点を設ける）に再び回帰する動きが世界中で起きている。

　このような状況に鑑みれば，今後さらに事業のグローバル展開を加速させる日本企業にとっては，海外の被買収企業を含めた海外現地法人（場合によっては本章で「海外子会社」または「海外拠点」ともいう）を現地で「支援」する存在としてのRHQ（地域統括機能を指し，必ずしも法人格があることを指さない）が必要不可欠な存在となりつつあることは容易に想像できる。

　なお，一般社団法人日本在外企業協会による「日系企業における経営のグ

ローバル化に関するアンケート調査」（2019年1月10日および2021年2月1日付）によれば，「グローバル経営を進展させるための本社から見た主要な経営課題」について，「権限委譲による海外現地法人の主体的経営」が2018年に27％，2020年に26％と2016年の21％と比較して大きくポイントを上げている。

図表3－4　グローバル経営を進展させるための本社から見た主要な経営課題

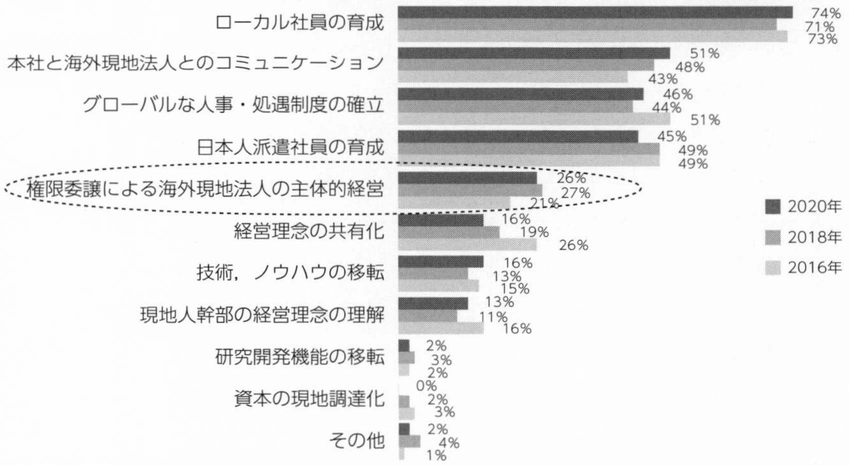

出所：日本在外企業協会「『日系企業における経営のグローバル化に関するアンケート調査』結果報告」をもとに筆者作成

　もちろん，ここでいう海外現地法人はRHQに限ったことではないが，いずれにせよ海外現地法人に権限をもっと委譲し，現地に即した経営の自治を認めるべき，と感じている企業が多いことがわかる。今後，海外現地法人による主体的な現地経営が進むことになれば，地域に応じた支援を提供してくれるRHQの存在の重要性がますます認識されるのではないかと考える。その際に次に課題となるのは，GHQと地域統括機能/RHQやその他現地法人との間の権限・責任の所在の線引きであろう。

4 ┃ RHQ機能を有する独立の法人の設立の必要性と地域統括機能の形態

4－1　RHQ設立の必要性

　前述のとおり，RHQが必要不可欠な存在となる場合，果たして地域統括機能を果たす独立の子会社（法人）としてRHQを設置する必要はあるのか。

　この点，長年，日本企業が法人格を基本に組織を設計する傾向が強いのに対し，欧米のグローバル企業は，物理的な法人格や拠点の場所，従業員の勤務地にかかわりなく，特定の機能を果たすバーチャルな組織（機能別組織）設計を行っているケースが多いように思う。地域に密着した海外現地法人の支援において重要なのは，必ずしも法人格を有する組織である必要はなく，地域統括機能そのものに基づく組織設計である。また，当該地域の中の1つの現地法人に，その地域全体の統括会社機能を担わせるという選択肢もあろう。

　したがって，必ずしも「法人」としての独立したRHQを設立する必要はないのではないかと考える。ただ，他方で，税務上および資金調達上，独立した法人格としてRHQを設立する利点があるケースもある。この点については第5章で述べることとする。

4－2　地域統括機能の形態

　地域統括機能による地域横断的な事業支援は，時にGHQやBHQに紐づく事業軸の指揮命令系統に基づく各海外現地法人の活動との間で摩擦が生じる場合がある。さらには，GHQがガバナンスやリスク・マネジメントなどコーポレート・ファンクション軸から指揮命令または経営／業務監視を行っており，それがRHQのコーポレート・ファンクション軸との間でも摩擦が生じ得る。地域統括機能のあり方を考える際には，この事業ライン，すなわち事業軸やコーポレート・ファンクション軸と，地域横断的な地域軸の交錯およびコンフリクト

の現実を忘れてはならない。

　そもそも，企業グループは「コーポレート部門」，「スタッフ部門」，「事業部門」の３つの機能で構成されると考える。

　コーポレート部門は，経営戦略の策定，適切な経営資源配分，ポートフォリオマネジメント，全社（グループ）リスク・マネジメントなどの経営戦略を司る機能を持つ。そして，スタッフ部門は，経理，人事，総務，法務，知的財産，研究開発部門等，事業活動を支援するアドミ機能を持ち，他方で事業部門はまさに個別の事業戦略を策定し，実際に事業を行うところである。

　なお，コーポレート・ファンクションという機能の軸で捉えると，例えば人事やファイナンス，法務などの機能は，単なるスタッフ部門にとどまることはなく，図表３－５でいうところのコーポレート部門が担う役割も負っていると考える。日本企業は機能を捉えず，法人格や部内等の組織ありきで区分しがちであるため，ややわかりにくくさせている。

図表３－５　コーポレート部門，スタッフ部門，事業部門の機能別関係図

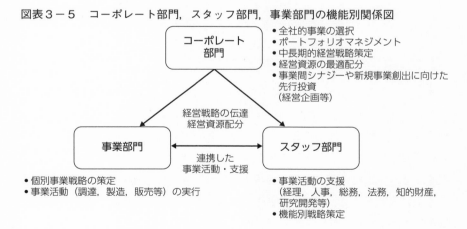

　また，GHQやBHQにあるスタッフ部門はコーポレートスタッフと呼ばれることも多く，「日本本社」とも表現されることがあるのに対し，各国・地域におけるRHQ内のスタッフ部門はシェアド・サービスを提供する組織・機能と

して位置づけられていることも多い。さらに，海外子会社内に独自のスタッフ部門を抱えているケースも多々ある。

　グローバルなグループ経営においては，事業軸という縦軸に，コーポレート（本社）軸およびスタッフ軸という縦軸に加え，地域軸という横軸の3つの軸があることを念頭に置く必要がある。

図表3－6　コーポレート軸・スタッフ軸×事業軸×地域軸の関係図

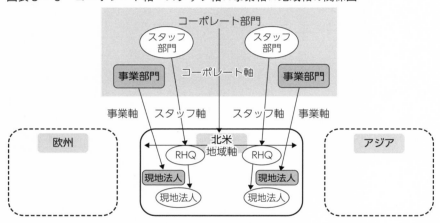

　そして，この事業軸と地域軸との関係でいえば，一般的に，欧米を中心とするグローバル企業は事業軸を基本としながら，各社の特性に応じ，地域軸をそれぞれ①混合型，②補完型という形で取り込んでいる。

　いずれのパターンが望ましいのかは，グローバル企業各社の経営戦略や事業戦略，その他，例えば充実した各種間接業務の機能を保有する法人が当該地域にすでに存在するか，または，RHQという形で別会社を設立してそこに間接業務を集約できる（切り出せる）体制が各海外現地法人に備わっているかなど，それぞれの国・地域，現地法人の機能や規模，その他当該地域への事業進出の経緯等によるところが多分にある。

　どのような戦略を採る場合にどのようなパターンが多く採用されているのか，どのような規模や機能を備えた海外現地法人を有する場合にいずれのパターン

を採用すると戦略およびリスク・マネジメントならびにガバナンスおよび内部統制の観点からうまくマネジメントできるのか等，何社かの日系グローバル企業にヒアリングした結果を踏まえ，ある程度のパターン化を以下で試みる。

5 | 戦略およびガバナンス，リスク・マネジメント等の観点からのRHQ

5－1　事業モデルや多角化戦略，国際（地域）戦略に応じた地域統括機能のあり方

　筆者がヒアリングした日系グローバル企業４社の事業モデル，多角化戦略に基づく事業分権化モデルと国際（地域）戦略に基づく対地域の権限委譲モデルに応じた地域統括機能のあり方を，**図表３－７**にまとめている。詳細は**第７章**の事例をご参照いただきたい。

図表３－７　日系グローバル企業４社比較（RHQ）

	A社（単一事業）（食品メーカー）事業集権型×地域分権型	B社（関連多角化）（消費財メーカー）事業分権型×本社（BHQ）集権型	C社（関連多角化）（電機メーカー）事業分権型×（一部拠点除き）本社（BHQ）分権型	D社（非関連多角化）（サービス）事業分権型×本社（BHQ）集権型
RHQ（法人）設置の有無	・日本および海外事業すべての事業をBHQに分権している。 ・法人としてのRHQは設置していない。	・事業ごとに米国，欧州，日本にBHQを設置しているが，地域ごとにRHQを設置しているわけではない。 ・BHQは一から設立したわけではなく，当該事業領域内でのM&Aを通じ，当該事業領域において中心となる規模と機能を備えた企業がBHQ	・欧州，米国，南米，中国，アジア，インドにRHQを設置している。	・事業軸での統治が非常に強く，また，事業間で求められる事項があまりに異なるため，地域ごとに事業横断的な役割が期待されるRHQは設置していない。 ・柱となる３つの事業のうち１つは日本にBHQがあるが，残りの２つの事業については，

	A社（単一事業）（食品メーカー）事業集権型×地域分権型	B社（関連多角化）（消費財メーカー）事業分権型×本社（BHQ）集権型	C社（関連多角化）（電機メーカー）事業分権型×（一部拠点除く）本社（BHQ）分権型	D社（非関連多角化）（サービス）事業分権型×本社（BHQ）集権型
		の役割を期待されるに至った。		米国と欧州にBHQがある。
RHQ（法人）設置の場合のRHQの機能範囲	・地域ごとにRHQを設置していないが，各地域の責任者（Region責任者，地域を細分化している場合はSub-Region責任者）が任命されており，地域に応じたきめ細やかな責任ある意思決定を可能としている。 ・国や地域ごとに独立したRHQという法人が存在するわけではないが，一部の機能（経理，IT，法務等）につき地域内の子会社間でシェアド・サービスを行っている。	・そもそも同一の国・地域内に存在する子会社が少ないため，RHQ設置はもとより，A社のように地域軸で地域ごとの責任者を任命する必要もない。	・RHQは，①地域ガバナンスの視点および②シェアド・サービスの視点で設置しているにすぎず，かかる視点からGHQに代わって，また補完役としての機能が求められている。 ・事業責任を負わないRHQに広範な権限（渉外機能を含む）を委譲することは難しいが，ガバナンスの観点から今後権限委譲を進めていくことも検討している。 ・ただし，一部拠点については，新規事業創出についてBHQからRHQに事業上の権限を委譲している。	・地域ごとに事業間で共通する項目がほとんど存在しないため，RHQ設置はもとより，A社のように地域軸で地域ごとの責任者を任命する必要もない。
海外・国内子会社管理の構造（レポートライン等）	・子会社は，まず各地域を統括するRegion責任者にレポートし，さらに，Region責任者がBHQにレポートする。 ・最終的にBHQがGHQにレポートする。	・それぞれが属するBHQへレポートする。 ・BHQからGHQへレポートする。	・日本国内子会社は，BHQに直接レポートする。 ・海外子会社については，上記視点①と②に関連する機能（例えば監査，法務，人事，財務等）についてはRHQにもレポートし，RHQがGHQ	・事業に関する事項については，BHQへレポートし，他方，①ファイナンス，②経営企画，③人事，④リスク・マネジメント，⑤コーポレート・ディベロップメントの5つの機能に関する事項のうち

	A社（単一事業）（食品メーカー）事業集権型×地域分権型	B社（関連多角化）（消費財メーカー）事業分権型×本社（BHQ）集権型	C社（関連多角化）（電機メーカー）事業分権型×（一部拠点除く）本社（BHQ）分権型	D社（非関連多角化）（サービス）事業分権型×本社（BHQ）集権型
			ヘレポート，それ以外については直接BHQへレポートする。	一定項目については，BHQにおける各機能の長を通じて，GHQにレポートする仕組みとなっている。 ・事業上の意思決定権はBHQに存するが，ガバナンスや法令遵守の観点については，GHQが各種意思決定権限・監督権限を有している。
各子会社の機能	・GHQおよびBHQそれぞれ法人ごとに人事（給与・福利厚生），経理，税務，法務，知的財産，ITサポートなどの機能がある。ただし，法務とITについては１つの法人の機能が同一地域の複数社をカバーすることもある。	・日本・海外子会社それぞれの法人ごとに人事（payroll benefit等），経理，総務，法務，知的財産，ITなどの機能がある。 ・BHQは，地域軸で子会社を管理しているわけではないため，地域の子会社に対するシェアド・サービスという概念は成り立たないが，他方で，事業横断的に，特定の事業領域のBHQが同一地域に所在する他事業領域の子会社に対して非公式に法務業務等を支援することはある。	・海外子会社に関しては，RHQがシェアド・サービスで提供する機能については個々の法人では有していない。 ・日本子会社については法人ごとに人事(payroll benefit等)，経理，総務，法務，知的財産，ITなどの機能がある。	・BHQ（日本，北米，欧州）は，地域軸で子会社を管理しているわけではないため，地域の子会社に対するシェアド・サービスという概念は成り立たず，日本・海外子会社それぞれの法人ごとに人事（payroll benefit等），経理，総務，法務，知的財産，ITなどの機能がある。

5－2　ガバナンス，リスク・マネジメントおよび内部統制の視点からみる地域統括機能のあり方

　図表3－7からもわかるように，上記4社のうち，C社とD社はそれぞれRHQ設置の状況は異なるものの，コーポレート機能やスタッフ機能，内部監査機能などについて事業軸上のGHQやBHQにレポートするのではなく，それぞれの機能軸上の上位部門へレポートする体制となっており，機能軸を中心としたグループガバナンスが徹底されているようである。

5－3　日系グローバル企業4社の事例からわかること

　上記図表3－7の結果を踏まえ，RHQ（法人であるか否かを問わない）機能が必要か否かは，下記の視点で判断するべきと考える。

5－3－1　同一国・地域に複数の子会社が存在するか否か

　単一事業モデルであれ，多角化事業モデルであれ，そもそも同一国・地域に複数の子会社が存在しないのであれば，設置・管理コストをかけてまで地域を統括する機能を別途設ける必要性がないといえる。

5－3－2　同一国・地域における事業間の関連性の有無

　多角化事業モデルの場合，たとえ同一国・地域に複数の事業を展開していて，かつ，それぞれ合計して当該国・地域に複数の子会社が存在する場合であっても，事業領域そのものが互いにあまりにかけ離れている場合は，適用法令，適用税率，経理処理，求める人材，報酬水準さえ異なることが想定され，国・地域が同一であるからといって地域統括機能を設置して共通の間接業務をシェアド・サービスの形で各子会社に提供する必要性がないうえ，共通の間接業務というものがそもそも存在しない可能性も高い。

　加えて，かかる場合においては，事業間のシナジー創出も期待できないであろうため，事業横断的な機能をRHQに期待する必要性もないといえる。

　なお，単一事業モデルの場合には，事業が単一のため事業横断的な機能を
RHQに期待することはあり得ないが，同一国・地域に複数の子会社が存在す
る場合，RHQに間接業務のシェアド・サービスを期待することはあり得よう。

5－3－3　グループガバナンス強化の視点の有無

　単一事業モデルであろうと，多角化事業モデルであろうと，同一国・地域に
複数の事業を展開している場合，GHQやBHQが常にガバナンスの観点から複
数子会社を適時にモニタリングすることは現実的に困難である。そのため，例
えば三線モデル（第2章7－3参照）のうち，第二線のスタッフ部門（機能）を
RHQに置き，地域密着型で当該国・地域の子会社をモニタリングしてもらう
ことも考えられる。そして，子会社のスタッフ部門からのレポートラインを子
会社社長ではなく，RHQスタッフ部門の長に設け，RHQスタッフ部門はGHQ
スタッフ部門の長に直接レポートする形をとることでグループガバナンスの実
効性が強く担保されると考える。また，第三線といわれている内部監査機能を
RHQに設置し，当該国・地域のRHQ以外の子会社についてGHQに代わって適
時に内部監査や改善指導などを行うということも考えられる（RHQ自身につい
ては自己監査をするわけにいかないのでGHQの内部監査部門が直接実施するほかな
い）。

6 │ 各視点でみるRHQの存在意義

6－1　同一国・地域における子会社の数の視点

　前述のとおり，単一事業モデルであれ，多角化事業モデルであれ，そもそも
同一国・地域に複数の子会社が存在しないのであれば，設置・管理コストをか
けてまで地域を統括する機能を別途設ける必要性がないといえるため，RHQ
の存在意義はないに等しい。また，たとえ同一国・地域に複数の子会社が存在
したとしても，それぞれの子会社が属する事業間でほとんど関連性がないよう

な場合（ヒアリングを実施した日系グローバル企業４社でいえばＤ社の非関連多角化の事例）において，同一事業に属する子会社の数はそれぞれ１社か少数であるようなときには，事業単体でみれば子会社数が少ないため，RHQの存在意義は小さいと考える。

６－２　事業モデルの視点

多角化事業モデルの場合，上記６－１で記載したとおり，たとえ同一国・地域に複数の事業を展開していて，かつ，それぞれ合計して当該国・地域に複数の子会社が存在する場合であっても，事業領域そのものが互いにあまりにかけ離れているときには，適用法令，適用税率，経理処理，求める人材，報酬水準さえ異なることが想定され，国・地域が同一であるからといって地域統括機能を設置して共通の間接業務をシェアド・サービスの形で各子会社に提供する必要性がないうえ，共通の間接業務というものがそもそも存在しない可能性が高い。

加えて，かかる場合においては，事業間のシナジー創出も期待できないであろうため，事業横断的な機能をRHQに期待する必要性もないといえる。

なお，単一事業モデルの場合には，事業が単一のため事業横断的な機能をRHQに期待することはあり得ないが，同一国・地域に複数の子会社が存在する場合，RHQに間接業務のシェアド・サービスを期待することはあり得よう。

６－３　グループガバナンス・内部統制の視点

グループガバナンスの視点でRHQの存在意義を考えると，多角化戦略に基づく事業分権化の有無や国際（地域）戦略に基づく地域分権化の有無にかかわらず，法律上，資本構造上の親会社であるGHQ自らが，特に自国から遠い海外子会社を直接に統治・管理するよりも，距離的にも現地法人の側にいるRHQが現地法人の経営に目を光らせているほうがガバナンスや内部統制の実効性が担保されやすいと考える。しかも，その場合，RHQによるモニタリングやコントロールに加え，GHQによるモニタリングとコントロールも当然に

残るため，二重にモニタリング，コントロールできることとなり，グループガバナンス・内部統制の観点からは望ましい構造といえる。

　他方で，何でもかんでも子会社やRHQにGHQへの報告を求めたり，決裁権限ルールに定めていない事項について逐一GHQの承認を得るようにさせるなどRHQを通じてGHQによる管理・統制を徹底させすぎてしまうと，逆にRHQによる地域軸からの部分最適の視点と，GHQによる全体最適の視点とがぶつかり合い，地域に密着した事業や業務運営を阻害してしまう結果となりかねない。

　ガバナンスや内部統制は，究極的にはGHQの役割であると同時に責任でもあるため，これらの視点でRHQの存在意義を考えるということは，すなわちRHQがGHQの役割を肩代わりする，RHQはGHQのミラー組織である，ともいえるため，RHQとしては，GHQの全体最適の考えを代行すべき存在のようにも考えられると同時に，当該国・地域独自の事情に配慮した部分最適を追求すべき役割を担う存在でもあり，RHQとしてはその立ち振る舞いに迷いが生じることも多い。

　さらに，仮にRHQが当該国・地域の子会社との間で資本関係を有するのであれば，自らの親会社（株主）という立場を利用して子会社に対して一定程度の発言権を有するであろうが，地域内子会社とRHQが兄弟会社関係にある場合や，地域内子会社のうち1社にRHQ機能をあわせ持たせる場合などには，そもそもGHQの役割の肩代わりをRHQが果たし切れるのか，という問題も生じる。

　したがって，グループガバナンスや内部統制の視点でRHQの存在が効果的であるといえるかは，当該国・地域の子会社との資本関係その他RHQの機能・組織設計によるところが大きく，さらには採用する国際（地域）戦略によって方向づけられる統治モデル（本社集権型モデル，地域分権型モデル，本社・地域複合型モデルのいずれか）によっても左右されると考える。本社集権型モデルを採用している場合は，RHQが単にGHQのミラー組織としての活動に限定される限りはRHQの存在意義は高いかもしれないが，地域の特性を生かした支

援をRHQに期待する場合は，地域分権型モデルか，少なくとも必要な機能については地域分権化を進める本社・地域複合型モデルを採用する必要があると考える。

7 ┃ 地域統括機能に期待される役割

7－1　期待される役割①　新規事業創出，その他事業支援

　図表3－7にあるように，ヒアリングを実施した日系グローバル企業4社のうち，C社については，RHQを設置しており，一部の国・地域のRHQに新規事業創出に関する権限を委譲している。ただ，他の拠点のRHQについては，事業責任を負わないRHQに広範な権限（渉外機能を含む）を委譲することができないという理由で，それらRHQは，地域ガバナンスおよび間接業務のシェアド・サービス提供のみにとどまっている。同社の担当者は，ガバナンスの観点から今後，RHQにCoE（Center of Excellence，組織横断的な取組みの中核となる部署）的な機能の権限委譲を検討していきたいと話している。

　この点，本書のヒアリング対象企業としていないが，その他の日系グローバル企業にも話を聞いてみると，RHQに新規事業創出機能を担わせたくても，事業化する際の受け皿となる事業部門・法人をどうするかなど難しい問題があり，なかなか進まないという声があった。また，当該地域の顧客志向やマーケット情報に基づいた製品開発を進めるべく，RHQにR&D機能を担わせようと試みている日系グローバル企業もあったが，当該地域内子会社らの技術を把握し，技術の芽を育てられるほどRHQが事業横断的に技術情報を集約できる体制構築は，事業軸やR&Dという機能軸との摩擦が生じ，なかなか思うように進まないと話していた。

　特に，関連・非関連多角化事業モデルを採用するグローバル企業などで，特定の地域に複数事業領域の子会社が存在するような企業であれば，特定地域における事業横断的な事業間のシナジー創出，新技術のイノベーションの活発化

を目指し，RHQに新規事業創出機能やR&D，その他マーケティング機能など
を持たせることを検討してもよいと考える。

7－2　期待される役割②　間接業務のシェアド・サービス

　RHQの法人を設置している場合のみならず，当該国・地域内で規模が大きく，
アドミ機能が充実している子会社が，部分的に同一国・地域内の他の子会社の
ために一部間接業務をシェアド・サービスで提供することもある。一般的に，
RHQの法人の設置の有無にかかわらず，同一国・地域内でシェアド・サービ
スを提供するか否かは，同一国・地域内に存在する子会社にそれぞれアドミ機
能を設置するよりも，1カ所にまとめたほうがコスト面で有利な場合（複数の
子会社が存在する等）に，統一的な人事施策の推進，ITサポートやセキュリティ
の均一的なレベルの維持，均質な法務アドバイスの提供などを目的として実施
を判断する。
　図表3－7にある日系グローバル企業4社のうちD社のように，同一国・地
域に複数の子会社があるものの，それぞれの子会社の属する事業領域で求めら
れる事項があまりに異なり，求める人材も報酬水準も異なるため，統一的な人
事施策の遂行は非現実的であり，また，事業に関連する法令も事業間で異なる
ため，均質な法務サービスの提供などの必要性がなく，シェアド・サービスに
適した間接業務が存在しないこともRHQを設置しない理由の1つとして挙げ
ている。

7－3　期待される役割③　GHQに代わる経営監視・業務監督

　ヒアリングを実施した4社の日系グローバル企業では見られなかったが，そ
の他の日系グローバル企業に話を聞いてみると，中にはRHQに内部監査部門
を設置し，当該国・地域に所在する子会社の内部監査をGHQの内部監査部門
に代わって実施し，結果をGHQの内部監査部門へ報告する，という仕組みを
まさに検討している企業があった。GHQの内部監査部門だけで，たとえ優先
順位をつけ，3年や5年のローテーション監査を実施していてもカバーし切れ

ない数の子会社があり，また，当該国・地域の内部監査はその国・地域の母国語で実施することが求められるため，GHQの内部監査担当者だけでは言語の壁があるなどの理由から，RHQの内部監査部門に当該国・地域のスタッフを採用し，部門長はGHQの内部監査部門から派遣することを検討しているようである。

　ただし，留意が必要なのは，内部監査を実施して改善点などを指摘しても，改善を支援し，継続的にモニタリングするうえで第二線の充実は欠かせず，RHQに内部監査部門を設置する前提として，RHQに充実したスタッフ部門（人事，経理，購買，IT，法務，品質・リスク管理など）の存在が必要となる。

　なお，内部監査部門を地域統括機能の1つとして期待する場合は，独立の法人格としてのRHQを設置して，その中に内部監査部門を設置するのが望ましいと考える。内部監査部門が設置された法人格については，自己監査に該当するため，かかる内部監査部門が監査するわけにいかず，内部監査部門が設置された事業子会社を地域統括機能の1つとしての内部監査部門が監査することができなくなってしまうためである。また，一事業子会社が，他の事業子会社の内部監査を実施する，というのもガバナンス，内部統制の観点からして違和感が残る。よって，地域統括機能の1つとして内部監査を期待するのであれば，他の事業子会社とは独立したRHQという法人を設置し，かかるRHQで担当するのがガバナンス，内部統制の観点からも自然であると考える。

7－4　期待される役割④　PMIにおける支援

　特定の国・地域に本社機能を有する企業を買収する際，買収後の統合作業（PMI）をGHQやBHQのコーポレート部門や事業部門，スタッフ部門が中心となって進めるよりも，事業以外の部分については当該国・地域の人事制度，法令をより熟知しており，そもそも当該国・地域の人事施策や法務アドバイスを日頃から行っている部門であるRHQのスタッフ部門やM&A/PMI支援部門などが中心となって進めたほうが，当該国・地域内の他の子会社との統一的な地域ガバナンスやグループガバナンスの観点からも統一的な統合作業を期待する

ことができると考える。また，現実的な話をすれば，RHQのほうがGHQや
BHQよりも被買収企業と距離的に近いことがほとんどであると考えられるた
め，時差もなくPMI支援業務を実施することができるので，被買収企業にとっ
てもありがたいはずである。

　ただ，RHQが買収先のデューデリジェンス（DD）の段階から関与をしてい
ない場合は，PMIの段階になって急遽支援にまわる，というのでは初動が遅く
なる可能性がある。したがって，理想的なのは，買収先のDDの段階から，
RHQのM&A/PMIチームや必要なスタッフ部門にも関与してもらい，Dayゼ
ロ以降のプランも共同で作成し，closing後，すぐにPMI支援に着手してもら
うことである。

　ヒアリング対象４社の日系グローバル企業のうち，B社については，RHQ
という独立の法人を設置しているわけではないが，当該国・地域で買収案件が
ある場合，たとえ事業ラインが異なる案件であっても，当該国・地域に所在す
るBHQが，他の事業ラインに属する被買収企業のPMIを支援することがある，
という話であった。また，他の日系グローバル企業の話によれば，人事戦略や
人事業務のPMIについては，RHQの人事部門がGHQの経営企画部などと連携
しながら主に担当し，GHQの人事部門には随時報告するにとどまるようであ
る。この会社の場合，RHQにM&A部門を設置しようか検討中とのことである
が，RHQは事業を有しているわけでなく，たとえ買収対象会社を選定したと
ころで，当該事業の受け皿となる法人格が必要となり，GHQの既存事業や
BHQなどの関連事業であれば当該事業部門と協働でM&Aを進めることになる
が，新規事業分野（ホワイトスペース）のM&Aで（既存事業を超えた買収である
からこそRHQに担わせる意義は大きい），それを引き受けることのできる既存の
事業部門がない場合にさまざまな問題が生じるため，買収対象会社選定，意思
決定権限をRHQに与えるところまでは至っておらず，現状はPMI支援にとど
まっているとのことであった。GHQに，ホワイトスペースの企業を買収した
場合の受け皿，例えば充実した新規事業開発室などを経営企画部のもとに設立
するなどの検討を要すると考える。

8 ▎RHQへの権限委譲

　次に，新たな独立した法人を設立しようがしまいが，RHQに一定の役割を
期待する際，どの程度の権限をGHQやBHQから委譲すべきかを検討したい。
RHQに権限を委譲する範囲については，主に(1)国際（地域）戦略および(2)
RHQに期待する役割（設置の目的）によって決せられる。

8－1　国際（地域）戦略とRHQへの権限委譲の関係

　国際（地域）戦略として①本社集権型モデルを採用する企業は，GHQや
BHQに権限を集約する方向に傾くため，基本的に多くの事項についてGHQや
BHQが決裁権限を有し，日々の業務に関する細かい事項についてのみ地域の
RHQに権限を委譲する，という仕組みを採る。

　他方で，②地域分権型モデルを採用する企業は，地域のRHQに大幅に権限
を委譲する方向に傾くため，ガバナンスや内部統制の観点から親会社として最
低限必要な項目や金額が大きい事項に関する意思決定についてのみ決裁権限を
GHQやBHQに留保する，という仕組みを採る。

　そして，③本社・地域複合型モデルを採用する企業では，機能によって
RHQに大幅な権限を委譲する場合とGHQやBHQが権限を留保する場合とがあ
り，複合的な仕組みとなる。例えば，販売機能についてはRHQに大幅に権限
を委譲するが，マーケティング機能についてはGHQのマーケティング本部で
一括して戦略決定から実行までを担う，などである。

8－2　RHQに期待する役割（設置の目的）

　前記7の期待される役割①から④によっても，RHQへの権限委譲の範囲が
変わってくる。

8-2-1　期待される役割①　新規事業創出，その他事業支援

　前述のとおり，特に多角化経営を展開するグローバル企業などで，特定の地域に複数事業領域の子会社が存在するような企業であれば，特定地域における事業横断的な事業間のシナジー創出，新技術のイノベーションの活発化を目指し，RHQに新規事業創出機能やR&D，その他マーケティング機能などを持たせることを検討してもよい。その場合，問題になるのは，GHQやBHQの事業上の権限の話の事業軸視点と，RHQの地域上の権限の話の地域軸視点とがまさにぶつかり合うことである。また，個別に，GHQやBHQの有するマーケティング機能やR&D機能などの機能軸上の権限と，RHQのこれら機能に関する地域軸上の権限とがぶつかり合うこともある。

　しかし，RHQの地域特性を活かし，地域顧客ニーズを踏まえたマーケティング戦略を立てたり，地域特有の課題解決のための技術開発のシーズ（種）を見つけ，R&D計画を立てたり，M&A戦略を立てたり，当該地域に進出している事業間のコラボレーションを地域視点で促進させたりするのは，業界や業種にもよるとは思うが，GHQやBHQよりもRHQのほうがより適しているケースも多いのではないかと考える。それゆえ，できるだけRHQに権限委譲する仕組みを構築すると効果的であろう。

8-2-2　期待される役割②　間接業務のシェアド・サービス

　同一国・地域内に存在する子会社にそれぞれアドミ機能を設置するよりも，1カ所にまとめたほうがコスト面で有利（複数の子会社が存在する場合）と判断され，統一的な人事施策の推進，ITサポートやセキュリティの均一的なレベルの維持，均質な法務アドバイスの提供などを目的としたシェアド・サービスを期待してRHQを設置するような場合には，基本的には人事，経理，IT，法務などのアドミ機能については日々の細かい業務についての事項が多いと思われるため，当該RHQの人事部門，経理部門，IT部門，法務部門に権限を委譲しているケースが多いように思う。他方で，もう少し大きな戦略の話，例えば人事戦略やIT戦略，法務戦略などについては，GHQがグループ全体への影響

度を踏まえ，統一的に立案すべき要素も含まれるため，グローバルの視点（全体最適の視点）と地域の視点（部分最適の視点）とがぶつかり合うこともままある。このような場合，**第4章のHRMや第5章のファイナンス**で詳細は触れるが，ガバナンスや内部統制，リスク・マネジメントの観点からのGHQによるコントロールの必要性，地域特性を踏まえた戦略や意思決定の重要性などを総合的に考慮して判断されるべきと考える。詳しくは**第4章，第5章**を参照いただきたい。

8−2−3 期待される役割③ GHQに代わる経営監視・業務監督

　GHQに代わり経営監視や業務監督をRHQの内部監査部門や人事，経理，法務などの間接部門に期待する場合，これら経営監視や業務監督についてはRHQはあくまでもGHQのガバナンス，リスク・マネジメントや内部統制の実効性確保・維持のための手足としての行動を期待されているにすぎないため，あくまでも最終的な責任を負うGHQがすべての権限を留保し，RHQに権限を委譲することは，細かい内部監査のやり方に関する意思決定などを除いて現実的に考えにくいといえる。

8−2−4 期待される役割④ PMIにおける支援

　RHQに，当該国・地域に本社が所在する企業を買収した際のPMIの支援を期待する場合，その支援対象がどの領域まで及ぶのかによってRHQに委譲する権限の範囲も異なる。例えば，買収対象会社の事業にかかわる部分やR&Dに関する部分もPMI支援の対象とする場合は，上記8−2−1の事業支援の場合と同様，できるだけRHQに権限を委譲する仕組みを構築するとよいと考える。また，アドミ機能についてのPMI支援を対象とする場合も，上記8−2−2で述べたように，当該アドミ機能について上位の戦略立案の部分についても支援対象とするときには，全体最適とのバランスの問題ではあるが，地域最適を追求するRHQにも戦略に関する一定の意思決定権限を委譲すべきと考える。

8−3 権限と責任の範囲の明確化の必要性

　RHQに一定の権限委譲を行った場合に，権限を委譲しておきながら，すべての事項についてGHQ（ここではコーポレート部門，スタッフ部門，事業部門のすべてを指す）への報告を求めるなどすれば，その権限と責任範囲が不明瞭となる。GHQ側経営層は，最終的なグループの経営責任を負うことから，心配でRHQ側に細かいことまで問い合わせてしまい，結果としてRHQ側はGHQ側への詳細な報告を余儀なくさせられ，GHQの承認を得ていることと同じ状況を作り出してしまう，など日常茶飯事で見られる光景である。

　特に権限と責任範囲が明確に定められており，自社・自己の境界線を越えない範囲ではすべての事柄について意思決定権を有するのが通常と考えている欧米人にとっては，この日本の「何となく心配だから報告して」精神を理解することが難しく，有能な経営人材を失うおそれすらある。

　そこで，この「境界線」を明確にしつつ，他方でGHQへ事前相談や事前・事後の報告をしてほしい事項，権限委譲といっても立案・提案権や意思決定されたものを実行する権限と責任を付与するにとどまる事項，最終的な意思決定権限がある事項を可能な限り細かくGHQと地域統括機能保有組織/RHQとの間で取り決めておくことが望ましい。

　この点，新規事業開拓をRHQ等に任せているはずなのに，資金調達についてはGHQの承認を求めなければならない，というちぐはぐな社内ルールにならないよう留意する必要がある。これでは，せっかくの権限をRHQ等に委譲しても，形骸化してしまうからである。

8−4 RACIチャート

　上記取決めを策定するにあたり重要なのは，可能な限り細かく，かつ，具体的に誰かの承認を要するであろう項目を洗い出し，それぞれの意思決定事項ごとに誰が起案の責任者であるか（Responsible），誰が最終承認者（責任者）なのか（Accountable），誰に相談すべきなのか（Consulted），結果は誰に報告すべ

きなのか（Informed）を明確に定めておくことをお勧めする。このような取決めは米国企業ではよくなされているようであり，RACIチャートと呼ばれている。

　なお，AccountableとConsultedとの大きな違いは，相手方の意見に従わなければならないかどうかであり，後者は前者と異なり，相談した相手の意見を参考にするものの，絶対に従わなければならないというわけではない。また，ConsultedとInformedの違いは，前者は意思決定の前に相談しておく必要があるが，後者は意思決定後に決定の事実を報告するのみでよい，という意味において異なる。

　そして，責任についても明確化する必要がある。例えばRHQ等に地域における新規市場開拓のための投資権限を与える場合，その投資資金を稼ぎ出す営業利益責任を負わせ，その範囲内であれば自由に投資してよい，とするなどである。そして，PL情報等の報告義務をRHQ等に課す場合であっても，あくまでもInformedを超える報告を求めてはならない。詳しくは第4章4－3を参照。

9 ｜ 地域軸と事業軸，地域軸と各機能軸の交錯

　これまでにも述べたように，国際（地域）戦略やRHQに期待する役割などによってRHQの地域軸と，事業軸やコーポレート軸，スタッフ軸などの縦の軸との摩擦は避けて通れない。

9－1　地域軸（横軸）×事業軸（縦軸）

　特にRHQが事業支援をその目的とする場合に事業軸との間で摩擦が発生する。事業責任を負わないRHQにそもそもどこまで権限を委譲するのか，難しい問題をはらんでいる。

9－2　地域軸（横軸）×コーポレート軸（縦軸）

　当該地域における地域戦略と，グループ全体の視点からの全社戦略とがぶつ

かり合うこともある。GHQやBHQは，グループ全体への影響を念頭に置いて戦略を立てる必要があるため，例えばGHQやBHQの経営企画部とRHQの経営企画部とで，RHQが作成したその所管国・地域の中期経営計画と，GHQが考える全社の経営戦略の中の当該国・地域の位置づけに齟齬が生じることもあり得る。

9−3　地域軸（横軸）×スタッフ軸（縦軸）

　地域特性を踏まえた戦略策定や各種施策の実行をリードするRHQ内のアドミ機能（スタッフ機能）と，GHQ内のそれとのコンフリクトが起こることはままある。この点はRACIチャート（前記8−4参照）などを作成して権限と責任，GHQに報告すべき事項とを明確に定めておくことをお勧めする（権限委譲の話と報告や事前相談のルールを混同しない工夫が必要である）。

10 ｜ さらなるグローバル経営

10−1　被買収企業がグローバル企業のケース

　これまで地域統括機能について，1つの地域に関する統括機能を前提として述べてきた。しかし，場合によっては「1つの地域」という枠組みで対処できないグローバル経営形態もある。例えば，子会社が世界中にあるような北米のグローバル企業を買収した場合，たしかに同社グループの本社機能は米国にあるため，北米のRHQ等が統括する（事業支援等を実施する）ということになるのであろうが，他方で当該北米被買収企業の子会社は他の地域に散らばっているわけである。かかる場合，果たして北米のRHQ等が，北米以外の地域に存在する子会社を統括することが現実的に可能なのであろうか。それとも各子会社の所在する国・地域のRHQ等が統括すべきであろうか。たしかに，被買収企業のグループ各社がそれぞれ国・地域をまたぐことで，通貨も，法令その他規制・各種制度も，商慣習も異なるため，北米のRHQ等が他の地域の子会社

までをも統括することは現実的に困難と思われる。しかしながら，1つの事業体を地域ごとに分断して統括する（事業支援，間接業務のシェアド・サービス，内部統制／コーポレート・ガバナンス上の経営／業務監視）ことがあってよいのであろうか。難しい問題をはらんでいる。

この点，ヒアリングをした日系グローバル企業4社のうちC社は，買収対象会社の本社機能が存在する国を統括するRHQが，他の地域にもまたがる当該子会社の子会社群を含めて統括するとしている。理由は，RHQに支払われるその運営費用は，かかる本社機能を有する買収対象会社からその買収対象会社が存在する地域のRHQに支払われることになっているためとしている。また，そもそもかかる買収対象会社の本社機能が，自らの子会社についてガバナンス上も内部統制上も責任を負うわけであるから，この買収対象会社での全社リスク・マネジメントの観点からも，本社機能が所在する地域を統括するRHQや地域統括会社のみの統括を受ける，と考えるのが自然である。もちろん，それぞれの地域の子会社が，非公式に，かつ任意で，当該地域のRHQ等の支援を受けること自体は否定されるべきではないと考える。

10-2 地域統括機能を超えたグローバル事業本社機能

単一事業体企業は別としても，複数の事業を行っているグローバル企業であればあるほど，激しい事業環境の変化や不確実性が従来以上に高まっている現代において，事業軸での経営に主軸を置かなければ厳しい競争環境の中で取り残されてしまうと考える。

他方で，グローバル企業にとっては地域最適の視点や，地域横断的なシナジー創出の視点も重要であることはいうまでもない。やはり，事業軸を基本としつつ，地域軸との連携を図るという構図が最善であるように思える。そのうえで，地域との連携の図り方を，企業ごとに自社の業界，強み，弱み，顧客，競合，地域の特殊性，事業の特徴，当該地域への進出形態や経緯など諸事情に鑑み，機能設計の観点から複合的に検討するほかないのではないかと考える。

そして，さらには，地域にとどまらず，グローバル全体で，機能を中心に組

織設計する場合，地域軸すらも横断する形での統括やマネジメントが必要になる場合もあり得ると考える。

　特定の地域のRHQや他の地域の地域統括機能についても特定の機能については担当する，法人として設置せずにバーチャルなアジアパシフィック統括本部を設置する，機能別にグローバルマーケティング本部というものを組織化するというのも1つの経営スタイルであろう。例えば，ヘルスケア事業領域（医薬品，医療機器等複数事業が含まれている前提）ならば北米に事業領域本社を，自動車・環境関係事業ならば欧州に事業領域本社を，リバースイノベーションに特化したR&D機能であれば新興国に，というような組織・機能設計もあり得る。

　この点，ヒアリングをした日系グローバル企業4社のうちD社は，保有する3つの柱の事業領域ごとに事業上の本社機能を日本，米国，欧州にそれぞれ設置しており，例えば欧州事業本社が米国にある同一事業領域に属するグループ子会社（必ずしも欧州事業本社との資本上の親子関係は存在するとは限らない）を当該事業領域における「本社として」統轄している。ただ，D社のケースでは，地域を超えたRHQというよりは，BHQがたまたま日本，米国，欧州に存在し，それぞれのBHQの子会社が所在する国・地域においてRHQ・地域統括機能を設置すべきか，という話はまた別の議論である（D社のケースでは，事業間にシナジーが期待できないため必要性がなく，地域軸でのRHQ・地域統括機能の設置は行っていない）。

10−3　国・地域をまたぎ，かつ，事業をもまたぐグローバル経営

　さらなるグローバル経営の形態としては，多角化経営をする企業において欧州，米国それぞれのRHQが当該所管国・地域のヘルスケア事業領域と自動車事業領域のシナジー創出を支援している場合に，それぞれのRHQが協働して新たなシナジー創出，そして新規事業創設を実現するようなケースがある。かかるケースでは，当該国・地域で事業横断的なシナジー創出が図られることに加え，欧州と米国という国・地域横断的な協働とその結果とするシナジー創出

が期待される場合もある。事業も国・地域をも超えた真のグローバル経営といえよう。

図表3－8　さらなるグローバル経営

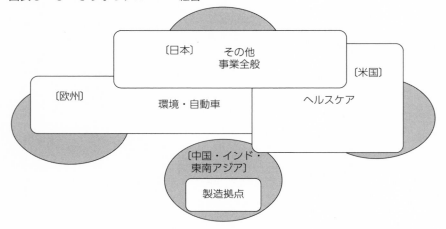

HR（Human Resource）

第**4**章

クロスボーダーのM&Aについては残念ながらうまくいっていない例も多い。日本企業がもともと抱えている日本的人事管理制度が，買収対象会社が所在する各国の労働関係法制，労働慣行，労働条件，人材マネジメントの仕組みとは大きく異なることによる取扱いの難しさが代表的な原因である。また，キーとなる人材の流出（リテンションリスク）や日本本社とのコミュニケーションがうまくなされず，日本本社側・海外子会社側双方がフラストレーションを溜めて，期待していたパフォーマンスが発揮されていないなどという話もよく聞かれる。本章では，人事的側面からみたクロスボーダーM&Aの留意すべき点とその課題の解決について考察したい。

1 ｜ M&AにおけるHR課題（日本制度と海外制度のギャップ，文化の違いなど）

クロスボーダーM&AにおけるHR（Human Resources，人材（人的資源））に関する課題としては，以下の点が挙げられる。

1－1 日本の人材マネジメントの仕組みが他国の仕組みと大きく異なること

日本の人材マネジメントの仕組み（採用，配置，育成，評価などのやり方）は世界の中でもユニークなものといえる。

　1973年のOECDレポートにおいては，日本型の特徴として「終身雇用」，「年功序列」，「企業内組合」の3点が三種の神器として提示されている。もともとはジェイムズ・アベグレンの『日本の経営』（Abegglen, 1958）で指摘された経営の特徴であり，日本の人材マネジメントシステムの中核的な制度として論じられてきた歴史がある。

　また，日本の雇用システムをメンバーシップ型と定義し，三種の神器はメンバーシップ型を支える重要なシステムであったと指摘する意見もあり，その中では伝統的な雇用モデルを総括し次の3つを指摘している。

- コア人材の長期雇用と，長期雇用に支持された企業内部の人材育成
- 能力やスキルの伸長を評価基準として長期的に行われる企業内部での競争
- 人材の長期囲い込みによる労働者と企業の目標同一化

　さらに，これら3つを構成する要素が5つ指摘されている。

①　職務を限定しない採用
②　新卒採用を中心とした人材調達
③　職能による人事評価（後記「職能と職務」参照）
④　ローテーションを核とした企業内人材育成
⑤　従業員の年次管理と新卒一括採用

　昨今では，グローバルでの事業競争の激化，求められる事業スピードの加速などを背景として，日本においても成果主義への転換，キャリア採用への転換，それに伴う若年層からの雇用流動化なども国内の労働市場動向として顕著になってきており，また昨今メンバーシップ型からジョブ型の人事への移行を模索する動きもあるが，まだまだ日本独自の人材マネジメントの仕組みを継続している企業は多く，それがグローバル規模での人材マネジメントを行ううえで支障となっている点は否めない。

　ここでは，日系企業のグローバル化に伴い，その障壁となり，特にグローバル化に負の影響を与えている制度にフォーカスする。

◆職能と職務

　日本の人材マネジメントシステムにおいては，職能主義がその根底となっている企業が多い。これは人の職務に対して報酬を支払うのではなく，能力に対して報酬を支払うものであり，目に見えない能力というものを，職階（グレード）に応じて，定性的に定義し，評価者がある程度のスコアリングをして査定，報酬に反映するものであるが，以下の課題を抱えている。

- **評価査定の客観的合理性の欠如（ハイコンテクストを前提とした仕組み）**

　上記に挙げられる日本の労働環境においては，ハイコンテクストなコミュニケーション（暗黙の了解や行間を読むようなコミュニケーション）となりがちであり，しばしば評価結果に対する客観的な根拠の説明が不十分な場合がある。また，途中段階でのフィードバックがなされていない，または肯定的（上司側はそのつもりはない）と誤解されている状態で年度末になって急に厳しい評価がなされ，部下側が混乱するケースもみられる。

- **ジョブディスクリプション（職務要件定義書）の不存在または曖昧なジョブディスクリプションとの非連動**

　外国企業，特に欧米ではジョブディスクリプションが明確に作成され，その内容を忠実に果たすことが期待されているが，日本型雇用慣行ではジョブディスクリプションが明確に定義されていないケースも多く，また定義されている場合でもあくまで業務の例示にすぎず，それ以外の業務も進んでやることが評価されるという違いがある。

- **レポートラインの曖昧さの許容**

　レポートライン（自分の上司は誰なのか）を強く意識し，そのラインにおける直接的なコミュニケーションがメインとなる外国企業と異なり，日本型雇用慣行では，上司だけでなく多くの関係者と公式，非公式のコミュニケーションを図りながら業務を進めるスタイルである。また，日本企業においては「兼務」という職務も多くみられ，指揮命令系統をわかりにくくしている要素として挙げられる。

- **報酬システム（昇給レベル）の不明瞭さ**

　人材の流動化が進んでいる外国企業（特に欧米）では，外部労働市場を基に報酬水準，体系が構築されるが，日本型雇用慣行においては企業内の内部環境を基に報酬水準，体系等が整備されているケースが多い（企業内で通用する職能を基準とした報酬グレードを設計，企業内の横バランス（職種間，同じ年齢層で差をあまり設けない）等）。

・ジョブ・ローテーションを前提とした人材育成

　日本型雇用慣行においては，数年ごとに異なる職種を経験させ，同一企業内で通用するスキル，経験を身につけさせ，ジェネラリスト的な育成が図られていくが，外国企業では企業内におけるジョブ・ローテーションはそれほど多くなく，その職務の中で専門性を深掘していく育成が主となる。また，そのポジションに求められるスキル，経験，知識を持った人を外部から採用していくというスタイルが一般的である。

　人材マネジメントシステムはその国の労働関連法規や長い歴史が醸成したその国の就業観，労働慣行やその国特有の労働市場をベースに成立，運営されてきたものであり，国ごとでさまざまであり，一概に日本の雇用システムを欧米型のものに変えることが必ずしも良いとはいえない。

　ただし，ここで挙げた要素に代表される雇用システムとその思想を国内に保有する日系企業が，欧米企業のグローバル化と同様の道筋を描けないのは明らかである。

1－2　組織文化，コミュニケーションスタイルの違い

　言語・文化の違いによるコミュニケーションスタイルの違いがもたらす影響にも注意する必要がある。例えば，一般的に日本においては，直接的な言葉だけでなく，その言葉の行間を読んで真意を把握することが行われ，正しく内容を理解するのは情報の「受け手側（聞き手）」の責任とされる傾向がある。一方で，特に欧米を中心とした海外においては，直接的に言葉で明確に自らの意見を示すことが重要とされ，情報を「伝える側（話し手）」がコミュニケーションの質の確保において責任を負っているとされる。日本本社と海外子会社または海外社員とのコミュニケーションにおいて，本社からの背景説明のない指示や，議論の過程に海外側を巻き込まず日本本社で一方的に意思決定がなされるような状況は海外側の誤解を生み，彼らの不信感につながる場合もあるだろう。また，日本では意思決定の過程において，しばしば限られたメンバー間での事前の「根回し」が重視されることがあるが，そのような意思決定プロセスは海

外側には不透明に映ってしまいかねない。さらに，国や地域の文化だけでなく，企業文化，組織文化にもそれぞれ違いがあり，コミュニケーションをさらに難しくしている。海外側とのコミュニケーションのとり方を間違えることにより，リテンションリスクや最悪の場合，訴訟リスクにもつながる場合もあるので，十分注意が必要である。

1－3　権限責任に関する考え方の違い

　欧米企業においては，職務内容はジョブディスクリプションに明記されており，各役職ごとの権限責任も明確に定義されている。その権限責任範囲内であれば，その者が決定できるものであり，日本本社へいわゆる「お伺い」を立てる必要はないものと考えられる。一方で日本企業によるM&Aの場面では，権限の委譲範囲が明確でないケースが多く，また何らかの形で定められている場合でも，実際はほとんどの意思決定の場面で日本本社の承認を求めるケースが多々みられる。

図表4－1　よく聞かれる事例

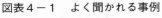

【米国企業】
承認を得る
相談　権限範囲 Boundary
Go

権限範囲：明確
権限範囲内：GO（実行可）
権限範囲外：承認を得る
境界線上：相談

【日本企業】
承認を得る
権限範囲 Boundary
承認を得る

権限範囲：不明確
権限範囲内：承認を得る
権限範囲外：承認を得る

　その結果，現地採用マネージャーが，権限委譲が実質的にはなされていない事実に加え，日本本社側での意思決定に時間を要することに対してフラストレーションを溜めることが頻繁に起こり得る。

　本当の意味で現地法人責任者に権限を委譲し，その自主性を重んじ，独立性

を許容するのか，それとも日本本社にほとんどの権限を留保し，全社統一的なやり方を導入するのかについて立場を明確にし，一度権限を委譲すると決めたのであれば中途半端に事前説明や承認を求めさせるようなことは控えるべきである。企業としての戦略に基づく基本的な考え方を持っておく必要がある。

1−4　優秀な人材の離職，流出

　クロスボーダーM&Aにおいては，現経営陣およびキー人材が一定期間，買収対象会社に残ること（リテンション：人材の離職を引きとめることをいう）がM&A成功の条件となっていることが多い。一方で，特に欧米では雇用が流動化しており，また"Employment at will"の原則で，（雇用主の側からの解雇も比較的容易であるが）従業員はいつでも好きな時に理由のいかんを問わず退職，他社への転職が可能である。また，昨今の企業側にとって厳しい労働市場においては，より高い報酬を得て転職できる機会は多く存在し，ヘッドハンティングなども活発である。買収対象会社に残留し，被買収ビジネスをリードしてもらうことを期待していたキー人材がM&A直後に辞めてしまうケースも残念ながら散見される。また，報酬以外の面においても，日本企業における権限基準の曖昧さや，コミュニケーションスタイルの違い，日本企業へオーナーシップが移ることへの不安などからフラストレーションを抱え，退職につながるケースもある。

2 ┃PMIにおける人材マネジメント

　M&Aにおいて，HRが果たすべき役割は，デューデリジェンス（DD）において確立されているが，買収後のグループのガバナンスをHRの軸でもきちんと描いておかなければ想定している買収の効果は見込めない。また，そもそも買収以前にグローバルでのグループのガバナンスがある程度確立していれば，そのシステムとネットワークにはめ込むということが主な作業となる。ただし，これは各拠点でのオペレーションや，ルール，グループ各社の社内ガバナンス

がある程度，各国で通用する程度の粒度で明文化されていることが条件となる。ただし，ほとんどの日本企業では，このようなグローバルで使える仕組みを持っていない。手探りで現地に送り込んだ駐在員によるマネジメントをベースに何とか管理しているのが大勢である。HRの領域については，被買収企業の現地採用HRリーダーか，現地コンサルタントを活用して機能させていることが多いが，M&Aが増え，進出国が増えていった場合，グローバルでのシナジーを創出するためにはある程度の権限委譲のルールの仕組み化が必要となる。グローバルでのガバナンスをHRの視点から検討する場合，①報酬，②福利厚生，③雇用・人事管理，④研修・教育（人材育成）の4つの項目の検証が必要となる。

2-1　報酬体系の整備（幹部人材，一定のグレード以上の人材）

　各国の報酬水準に従い，リテンションが効き，競争力のある報酬体系を維持しておくことが必要となる。ただし，報酬水準は，各国の労働市場に従うものであり，金額レベルを多国間で比較することは意味をなさない。例えば，経理課長の報酬水準について，シンガポールと東京で一定の通貨で比較した際の大小は相違して当たり前で，比較する基準とはならない。ただし，事業を支え，自社の競争力維持に必要な人材をきちんとした処遇で雇用することは国を問わず必要であり，このための報酬体系と金額の定期的な見直しのルール（時期，プロセス，決定権者）をグローバルで決めておく必要はある。ただし，ローカルに閉じたガバナンスを前提としている場合，「各国の水準のベンチマークの設定とメンテナンス」を決めておけばよく，本社が関わるとすると，この設定が合理的か，市場競争力はあるか，という確認のみをしていればよい。ところが，ある程度グローバル化が進んでくると，もう一歩踏み込んだ人材マネジメントが必要となってくる。具体的には，事業拠点のある国の間で幹部人材をローテーションする，または将来そのような想定をしている場合は，1つの国に閉じた報酬水準のみでは運用に限界が生じる。

2－2　福利厚生

　ここでは，報酬水準以外のベネフィットについて言及する。被買収企業の国に，すでに他の被買収企業の拠点があった場合，規模の経済性とグループ従業員の公平性の視点で制度のギャップの検証を行う必要がある。福利厚生制度は，各国の雇用風土や法律に則って仕組み化されているケースが多く，国を越えた公平性よりも同一国間での制度の検証が必要となる。特に医療保険については，各国により社会保険制度や商習慣が違うため，留意が必要となる。米国の例となるが，保険グレードが買収企業と被買収企業で違う場合，買収を契機にこれらのベネフィットを見直す検討作業が生じる。単に買収企業のレベルに合わせられればよいのだが，DD時点で見込めなかった場合，想定以上のコスト増が生じるケースがある（ここまでの検証と作業，コストをDD時に割けない，見込めないケースが多い）。

2－3　雇用・人事管理

　キー人材のリテンションと後継者計画，採用計画，レイオフ（解雇）に大別される。

2－3－1　キー人材のリテンションと後継者計画

　HRのPMIにおいて最も重要な要素がキー人材のリテンションである。M&Aにおいては，被買収企業のキー人材が引き続き企業に残り，業績達成に向けて活躍してもらうことが非常に重要である。そのための進め方の例を以下に示す。

⑴　キー人材の特定

　DDの段階でキー人材がある程度明確になっているケースが多いと思われるが，改めて，キー人材について被買収企業のリーダー（買収後，その企業の経営を任せる人）とともに確認する必要がある。買収後のDay 1以降，具体的かつ現実的なビジネスプラン策定に着手されることになるが，そのビジネスプラ

ンの実現のため，そのビジネスを成功に導く鍵となる要素は何か，その企業の強味はどこにあるかを念頭に，どの人材が必要かの議論が慎重になされる必要がある。この場合，重要度・必要度に応じて，キー人材をいくつかの層に区分することも1つの手段である。また，実際に現地のHRリーダーとともに各候補者と面談を行い，それぞれの人材について能力，考え，性格，企業文化への適合性，退職のリスクなどを把握することも重要である。そのうえで被買収企業のリーダーと内容を十分にすり合わせておきたい。

⑵　リテンションのための方策の検討（報酬パッケージ）〔ここでは米国企業の例を記載する〕

【報酬制度】

①　基礎的給与（Base Salary）

社員（特にキー人材）の報酬水準について，外部市場の水準と照らし合わせて十分に競争力のある水準にあるのかについて調査を行う。そのうえで，速やかに修正を行ったほうがよいのか，次の昇給のタイミングで調整を図るか，などの方針を決定する。この作業はPMI後一定期間をかけて行われ，現地のHRの報酬関係の専門家の協力を得て進めていく。そのM&Aが企業にとって新しい分野への挑戦である場合，または新しい国・地域への進出である場合，社内に十分なデータやリソースがないことになり，外部の活用も含めた慎重な検討が必要となるため，ある程度時間がかかることも想定しておかなければならない。

②　賞与（Bonus）

上記の基礎的給与と同様に，賞与についても外部市場のデータを調査し，調整の必要があるかの判断を行う。また，賞与は会社業績や個人業績と連動したものとなるが，その指標の設定において，買収後のビジネスプランに沿ったものとなるよう被買収企業のリーダーとの十分な協議が必要である。小規模のビジネスを買収する場合，その企業に賞与の制度がない場合もある。その場合，

賞与を導入することが適切か，報酬制度全体の構成や水準を見ながら決定を行う。賞与を導入するほうが当然処遇の魅力は増すが，ビジネスプランを達成するために必要かどうか，賞与制度の導入に伴う人件費の増加が企業価値に及ぼす影響について検討を行う。賞与については日本の慣行と全く異なることも多く，現地のHR専門家（いない場合は外部コンサルタント等）とともに検討を進めていく。

③　長期的に支払われる報酬（例：Long Term Incentive Plan，以下「LTIP」という）

　日本では一般的ではないが，米国においては長期的な勤続を促し，また中長期的なビジネスゴール達成への意識づけとしてLTIPが用いられることが多い。例えば，3年間のビジネスゴールの達成状況に応じて3年後に賞与を支払うが，受け取るためには3年間勤続している必要があるというものである。その後も，その3年のサイクルを繰り返していく。これはキー人材のリテンションには非常に有効な策であり，また米国では一般的でもある。このLTIPの対象を誰にするか，3年度のビジネス達成状況をどう測るか，ビジネスプランとあわせて被買収企業のリーダーと検討をしていく。また，水準については外部市場のデータ等を参考に決定していく。

④　その他，臨時的な報酬

　一定期間のリテンション・人材引きとめのために，リテンションボーナス（例えば，買収後2年など，一定期間勤続した場合には臨時で賞与を支払うというもの）を支払うことも考えられる。これは上記LTIPとは異なり，1回だけの支払であり，また会社業績との連動はなく，当該期間在籍していれば支払われる賞与であり，純粋に一定期間の人材引きとめを目指すものである。PMI活動は通常業務に加え，追加的な業務が生じることが多いが，それに対する意識づけ，感謝的な意味合いで活用されることも多い。

【福利厚生制度】

　報酬制度だけでなく，福利厚生制度もリテンションを図るうえで有効なものとなり得る。医療保険制度や年金制度（米国の場合，401kプラン）も大きな関心事であり，買収により大きな企業グループに入ることにより，そのプラン内容がより魅力的なもの（保険の適用範囲が広がる，従業員コストが下がる，より有利な年金制度になるなど）となれば，人材の引きとめに寄与するものと思われる。買収前後の比較を丁寧に行い，わかりやすく示すことが重要である。この部分についても，日本の制度とは全く異なる部分であるので，現地のHR専門家や外部コンサルタントとともに検討を進めるべき部分である。

⑶　対象者とのコミュニケーション

　上記までの検討，報酬設計を行った後，対象者とコミュニケーションを図り，内容の説明を行う。その際，会社としての期待，将来の姿などについてじっくり話すことが必要である。この部分は被買収企業のビジネスリーダーやHRリーダーを中心に行われることになるが，場合によって日本本社側（事業部門やHR）の参画も行われてよい。

⑷　後継者計画

　キー人材の特定とリテンション策の検討が終われば，長期的なビジネスの継続性という意味で，ある段階ではそのキー人材について後継者計画も検討しておきたい。このプロセスはPMIの早い段階である必要はないが，PMI活動が落ち着いた後に実施しておきたい。特定されたキーポジションについて，それぞれの現行人材の後継者を１〜３年後に任せられる人材，３〜５年後に任せられる人材，育成には５年以上の期間が必要だが候補となり得る人材，緊急事態（現行の人材が急に退職するケース）にバックアップできる人材という形で区分して，人材を特定していく（人材プールの策定）という備えが必要である。その後，特定された候補者層について，当該ポジションに求められる能力と現状の能力の差を把握して，その解消のための育成計画を策定していくことになる。

　ここはキー人材の計画となるため，一定程度以上，GHQまたはBHQの関与も必要な部分と思われる。

2－3－2　採　　用

　PMIにおいてビジネスプランが策定され，その達成のため人的リソースが足りない場合は，採用を行い補充がなされる。一般社員層については，会社全体への影響度や採用のスピード感を考えると，GHQが都度関与するのは現実的ではない。現地のHRリーダー（またはビジネスライン）に採用を任せることが合理的と考える。

　一方で，一定層以上（例えば部長格クラス以上）の幹部人材の採用にあたっては，必要に応じBHQまたはRHQの関わりが必要となってくる。さらに企業グループ全体における重要ポジションについてはGHQの承認を必要とすることもあり得るだろう。

2－3－3　レイオフ（解雇）

　買収後に当該企業に残ってもらう必要のない（残ってもらうべきではない）人材もいる。解雇もビジネスプランを実行するための手段であるので，厳しいことではあるが計画どおり実施されるべきである。通常はDD時に解雇が必要となる人材が特定されているため，買収後速やかにDD時に策定されたプランに従い解雇を実行していく。解雇の方法については，各国の労働法に準じることから，その条件，仕様については国・地域ごとにオペレーションが行われるほうが望ましい。各国特有のプロセスとなるため，現地のHRリーダーと丁寧に連携を取りながら進めていく。また，訴訟のリスクも高いため，必要に応じ，現地の弁護士等を活用しながら進めていく。注意すべきケースとして日本企業のM&Aのケースでありがちなのが，日本本社側の経営幹部が日本型雇用慣行を前提に，Day 1のセレモニー等のスピーチにて「従業員雇用を守る」等の約束とも捉えられかねない発言をしてしまうことである。そういう発言をしてしまうことで，その後の必要な解雇がしにくくなったり，訴訟に発展するケース

もないとはいえない。日本企業による買収で不安になっている従業員感情に配慮することは当然必要ではあるが，現地の労働事情等を踏まえて，現地HRリーダーと慎重に確認したうえで，経営幹部のスピーチ内容等を考えるべきである。

2－3－4　研修・教育

　世界共通で行われるべき研修やトレーニングと，国・地域ごとに行われるべき研修に大別される。

　前者については，企業理念や企業倫理などであり，後者は職種ごとに求められる事項に関する教育である。これらについては，拠点ごとに行われるべきものであるが，職種で区分してグローバル共通で行われるものについては日本本社のHRの教育分野の専門家の関与のもと，実施と浸透が求められる領域となる。

3 ｜ 権限委譲の視点

　クロスボーダーM&Aにおいては，何を日本本社で管轄し，何を現地法人に担わせるのか，という線引きがガバナンスの前提となる。

　HR領域における権限委譲を考える場合，まず何をグローバル共通に管理すべき事項とし，何を現地ごとの管理事項とするかについての基本方針がなければならない。GHQでグローバル共通的に管理するものと，現地ごとに任せるものの区分が明確にされる必要がある（この点について，後記5で紹介する）。HR領域においては，労働法規，労働慣習が国・地域ごとに大きく異なることもあり，すべてをGHQでグローバル統一的に管理することが不可能または現実的でないことに注意が必要である。国・地域の特殊性が高い部分については，おのずと現地法人に任せざるを得ないであろう。それ以外の部分については，各企業グループの人事ポリシー・戦略に則り，HR分野における権限委譲を検討していくことになる。また，多くの企業において，そのビジネス展開は一

国・一地域にとどまらず，複数の国・地域における活動となっている。日本と当該現地法人との関係だけで権限委譲を考えるだけではなく，他の地域への影響度も含めて企業グループ全体の視点で権限委譲について考える必要がある。また，グループ全体としてのシナジー創出の視点も検討されるべきである。現地法人に権限委譲を行う場合，RHQを活用することが考えられるが，そのポイントを以下に紹介する。

(1)　人事シェアド・サービス

　M&Aにより海外事業が拡大していくに伴い，1つの国または地域に複数の海外子会社が存在することになる場合がある。その際，それまで，その国・地域内のそれぞれの子会社で個別独立的に運営されていた人事業務を見直し，RHQが中心となって国・地域単位でまとめることで，規模を活かした経済性（コストダウン）や重複する業務の削減による業務効率化が期待できる。また，意思決定がRHQで完結することで，意思決定プロセスが簡潔になり，意思決定のスピードも上がる。

【HRシェアド・サービス】

　例として，RHQのHR部門に権限を委譲し，HRシェアド・サービスを提供することについて紹介する。

　RHQのHR部門にそれまで当該国・地域の子会社ごとに行われていた人事業務の共通部分を集約する。集約する業務としては，給与支払業務（payroll），医療保険や年金制度などの福利制度の管理・運営，教育・人材育成業務などが考えられる。RHQのHR部門はそれらの業務について一定の権限を持ち，業務を集約化，統一化し，シェアド・サービス（各社にサービスを提供し，対価を受け取る）を提供する。一方で，各社の人事担当者は効率化された時間を有効に活用し，より各社固有のビジネスサポート人事業務に集中できる。また，医療保険制度や年金制度を統一化することで，管理業務の効率化を図り，規模のメリットを生かし，各種社外のサービス提供企業・各種ベンダーの集約を図るこ

とでコスト削減を図ることができる。さらに，シェアド・サービスにて業務を集中化，統一化することで各人事業の全体的な質の向上も期待することができる。

　HRシェアド・サービスの進め方として，RHQに新たにHRシェアド・サービス部門を設けるやり方もあるが，その国・地域において比較的規模の大きい会社のHR部門で一通りの人事機能（給与計算，福利厚生，教育訓練）を持っている会社があるのであれば，そこをシェアド・サービス部門として位置づける（場合によってはRHQのHR部門として位置づける）やり方も考えられる。HRシェアド・サービスとしてどの人事業務を集中化，統一化するか，どこまで各現地法人固有のやり方を認めるのか，そのサービスを提供する組織はどこで，その権限は何か（日本本社や各国・地域の現地法人との関係において），またシェアド・サービス対価の設定をどうするかといった点を丁寧に関係者で議論しながら進めていくことになる。

(2)　コンプライアンス

　グローバルコンプライアンスの体制の構築については，委譲し得ない項目と考えるべきであることについて第2章にて議論したが，個別のコンプライアンスの項目については，何を誰に任せるのか，責任の所在を明確にする必要がある。コンプライアンスについては重要度が増しており，少し詳しく説明する。

　コンプライアンスにおいて人事が果たす役割については下記が挙げられる。

①　企業の行動方針の策定およびその周知

　各企業グループにおいて行動規範や倫理規程，コードオブコンダクトなどの名称で従業員が遵守すべきコンプライアンス事項をまとめた規程について，その作成および周知において人事が果たすべき役割は大きい。また，各ビジネス単位でビジネス特有のルールを含めた行動方針が策定されることもある。また，企業における各種活動に対する規程，ルール，ガイドライン等が設けられていることも通常である。

　クロスボーダーのM&Aにおいて検討すべきことは，グローバルにわたるコンプライアンスの体制にかかわる部分については，日本本社が主導でルールを構築するべきであるということである。したがって，最上位の概念となる行動規範等については国・地域・業種・業態を問わず共通的に適用するべきであると考える。また，コンプライアンスの実効性を上げるためには，それらを従業員に周知し，教育をしていく必要がある。周知や教育については，効率性や言語の観点から国・地域単位で統合して実施していくことになるが，上記のような企業グループ全体に共通的に適用される方針，規程，ルール等については，日本本社が教育コンテンツの作成を行い，それを各国・地域に展開していくという流れになるだろう。それぞれの国・地域におけるルールや方針の設定やその周知，徹底については，現地法人に責任・権限があることが効果的であり，RHQがその責任を担うということが考えられる。

②　グローバル内部通報制度，通報窓口の設置

　コンプライアンスに関する相談がいつでも可能となる体制（窓口）を設置しておくことが重要となる。第2章において述べたとおり，グローバル内部通報制度の策定や，通報窓口の設置や運営についての方針などは，日本本社において決定するべきである。ただし，通報への具体的な対応は，人事関係の問題については各国で労働法など法令の内容や人事慣行等が大きく異なることもあり，国・地域単位でその運営を任せることもあってよい。仮に日本本社に一括の通報窓口を設ける場合であっても，適宜事案の件数や重大違反事項等については情報を共有し，現地法人側でもモニタリングを行う必要がある。

(3)　業務の可視化のための対応

　人事関係でリスクとなる要素として，仕事が属人化して他から見えにくい状況になっていることがある。特にクロスボーダーのM&Aにおいては，日本から日々の業務状況をモニタリングすることが不可能であり，現地側でのチェックが欠かせない。それにあたり，RHQ（RHQのHR）がどのような役割を果た

すのか，日本本社，被買収企業，RHQ間で話し合いを行い，役割分担（権限）を決めておくことで責任の所在を明確にしておきたい。また，国によっては，法人格自体は別であるが，同じ日本の親会社を持つ企業は1つの共通グループとして位置づけられ，法対応や行政対応で統一的な対応を求められる場合もある。その場合，各現地法人でバラバラに対応するのではなく，RHQの人事部門などに権限を集約し，1カ所で全体をコントロールすることが責任の所在が明確で，かつコンプライアンス違反リスクも低減できると考えられる。この点において，共通人事機能をシェアド・サービス化すること（間接業務を1カ所に集中させること）は効果的である。

4 ┃ RACIチャート

　権限委譲を効果的に行うための工夫としてRACIチャートが作成されることがある。ここで，このRACIチャートを紹介したい。

4−1　RACIチャートとは

　RACIチャートとは，職務や取組みについて，主要関係者間での責任や役割分担を明確にしたものをいう。Responsible（実行責任者），Accountable（説明責任者），Consulted（相談先），Informed（情報共有先）であり，誰に職務や取組みに対する実際の実行責任があるのか，誰に職務や取組みの最終説明責任があるのか，誰にアドバイスを求めるために相談するべきか，誰と決定事項について情報共有する必要があるか，を示すものである。その必要性は以下に挙げるとおりであり，いずれもM&Aの成功に不可欠な要素であるといえる。

- 迅速な決定や実行に向けた準備を整えるため
- 周囲の混乱を防ぐため
- 受動的な対応から能動的な対応へ移行するため
- 従業員に権限を付与するため
- 適切な役職レベルでの意思決定を担保するため

> ● 作業のやり直しやそれに付随するフラストレーションを最小限に抑えるため
> ● 相互提携やコミュニケーションを促進するため

4－2　RACIチャート上の役割分担

4－2－1　Responsible（実行責任者）

　各職務，取組みを遂行し完了させる責任のある者であり，この責任者のもと，実際に業務が行われる。各職務項目について，"Responsible（実行責任者）"を少なくとも1人は配置する必要がある。

4－2－2　Accountable（説明責任者および承認者）

　職務や取組みが正しく完了しているかを確認し，最終責任を負う者を配置する。顧客やトップマネジメント（経営陣）などに対し，進捗状況や結果がどのようになっているかを説明することに責任を持つ者である。各職務や取組みに対する"Accountable（説明責任者および承認者）"は原則として1人であることが望ましく，その者が業務の最終責任者となる。

4－2－3　Consulted（相談先）

　意見を求める相談相手のことである。通常は各分野の専門家であることが多い。実行に移す前にアドバイスを求める人物であり，決定判断の前後における結果の行方にフォーマルあるいはインフォーマルな影響を及ぼす人物である。日本企業の意思決定プロセスにおいては"Consulted（相談先）"が多くなりがちであるが，不必要に多いと，意思決定プロセスが遅れたり，透明性が失われたりし，現地のリーダーにとってフラストレーションが溜まる懸念があるので，注意が必要である。

4－2－4　Informed（情報提供先）

　各職務や取組みの進捗や完了の報告を受け取る人物で，ここでは一方向のみ

のコミュニケーションが行われる。また，常に業務決定事項や活動状況を把握していなければならない人物でもあり，これらの情報が自らの職務遂行に必要となることが多い。ここも上記の"Consulted（相談先）"と同様で，多すぎる"Informed（情報提供先）"は意思決定スピードを遅くしてしまったり，ミスコミュニケーションによる情報の錯綜，混乱を引き起こしてしまったりする懸念がある。

4－3　HR領域におけるRACIチャート

HR領域におけるRACIチャートの作成を検討する項目案としては，以下が挙げられる。

- 人事規程の決定権限
- 人事戦略の決定権限
- 採用と解雇に関する権限
- 人事配置とローテーションに関する決定権限
- 一定層以上のパフォーマンス評価の決定権限
- 報酬体系の決定権限
- 一定層以上の個別処遇の決定権限
- 福利制度（医療保険制度，退職金制度など）のデザイン権限
- 長期インセンティブ制度の決定，対象者の選定に関する権限
- 個別労働問題への対応の権限

上記の項目について，関係者（日本本社の経営幹部，日本本社の所管部署，ビジネスラインのリーダー，日本本社の人事部門，現地法人のトップ）と役割分担（RACI）を明確にすることが重要である。ベストプラクティスとして，項目とそれぞれのRACIを明確にしたRACIチャートを作成し，関係者間で共有することで業務を円滑に進めることが可能となる。また，そのRACIチャートをもとに現地リーダーへの期待を明確に伝え，ジョブディスクリプションも整備されることが望ましい。

5 ┃ 人材マネジメントにおいてグローバル共通の管理と すべきもの，国・地域ベースで管理するもの

　日系企業がその雇用システム（グレード，評価制度，報酬制度）をそのまま輸出して当てはめようとしても，うまくいかないことが多い。最近では職務等級制度の導入が多くあるものの，日本企業では長い間，職能資格制度が用いられ，職能資格の要素を色濃く残している部分が多い。他方，海外に目を向けると，拠点ごとに独自の制度があり，その内容はそれぞれ違う。何をグローバルで共通して持つべきか，何を国・地域単位で保有すべきかは，会社の事業特性やガバナンスの方向性をベースに各社に合ったやり方が必要だが，確実に言えるのは，グローバルすべての社員を同一のシステムで運用することは無理があるということである。グローバル共通で保有するのは，まずは上位から一定のレベルまでであり，主に「国境を越えたアサインを行う人材か？」，「『後継者計画』として，後継者を世界から見つけるべきポストかどうか？」の視点で判断すべきである。

　仮に企業グループ横断的に共通の仕組みで管理すべき人材を「グローバル人材」と呼んだ場合，日本国内の人材もグローバル人材とローカル人材で管理したほうが合理的で納得性がある仕組みとなる。

5－1　グローバル共通で保有すべきもの／グローバル人材の管理 で保有すべき4つの要素

① 人材に関する基本的な考え方
　すべてにおいて重要なこととして，企業グループにおける人材に関する基本的な考え方をグループ共通で持ち，それを企業トップが従業員全員に発信することがある。各国・地域または各グループ企業においてさまざまな人事施策が行われることになるが，グループとしてここだけは外さないという部分をグローバル共通に持つ。これが従業員の日々の行動指針にもつながり，モチベーション向上，

リテンション，エンゲージメントなどさまざまな重要な要素においても必要な会社としてのメッセージとなる。以下，基本方針における要素の例を紹介する。

● **人材が重要な経営資源である**

　まずは人材が最も重要な経営資源であり，人材の育成，活躍支援，活性化などに力を入れることを明言する企業は多い。

● **会社が従業員に提供できる機会**

　上記を踏まえて，会社が社員に対して活躍の場・機会を与える。会社のプラットフォームを活用して，能力を向上させ，力を発揮して，活用してほしいというメッセージを伝える。

● **社員に期待すること**

　会社が社員に対して何を期待するか。バリューなどといった言葉でも表現されることがあるが，社員に求める行動や考え方を明確にする。

● **リーダー層に期待すること**

　上記の全社員への期待とは別に，リーダーに対して期待する行動や姿勢を明確にすることもある。部下を育成し，力を引き出すことは多くの企業でリーダー層への期待として明示されていることである。

● **ダイバーシティ・アンド・インクルージョン**

　人材の多様化，さまざまなバックグラウンドを持つ社員がそれぞれの能力を発揮し，活躍できる会社を目指すことを示す企業も多い。

● **人権に関する宣言**

　昨今の人権に関する意識の高まりの中，人権に関しての姿勢を明確にする企業も多く存在している。

② **グローバル規模でのジョブグレード（等級）**

　グローバルな事業展開を行う企業において，グローバル規模で統一的なジョブグレード体系を整備することは重要である。実際に支払われる給与は国・地域ごとにそれぞれのマーケットや事情を反映して異なるものになるが，職務のレベルを測るグレードや等級については統一化することが考えられる。役職名称（タイトル）では国・地域ごとに職務価値が違うこともあり，横断的な職務価値の比較は行いにくい。グローバル規模で統一されたジョブグレードを設けることで，同じ基準・尺度でグローバル規模での人材マネジメントが可能になる。例えば，どのジョブグレードにどういう人材がいるかを見える化し，状況に応じて必要な人材育成施策を打つことができる。また，国・地域をまたぐローテーションもグ

ローバル規模のジョブグレードがあることで，国・地域間の職務レベルの比較が容易になり，実行しやすくなる。グローバル規模で統一されたジョブグレードまでは整備しないが，国・地域間のグレードの対照表を設けることだけでも意味があるといえる。

③　報酬に関する基本的な考え方

　上記①で述べたように，給与の具体的な金額および給与体系をグローバルで統一することは不可能であり，意味はない。しかしながら，報酬に関する基本的な考え方についてグローバルで統一的なものを持つことは重要である。その基本的な考え方を基に各国・地域の実情に即した賃金を設定していく，またはそれにあわせて賃金を改定していくことになる。報酬に関する基本的な考え方の例を以下に紹介する。

- 魅力的な水準，競争力のある水準

　給与の水準として，労働市場比較において十分魅力的な水準であることとする，またはベンチマーク対比において，中位以上を目指すなどの給与水準についてどのあたりを目指すかの考え方を統一しておく。

- ビジネスの成長につながる報酬制度

　報酬制度はビジネスの成長につながるものとする。賞与などのインセンティブをビジネスの結果に連動させるなど，個人の報酬とビジネスの成果につながりを持たせたものとする。

- 個人の業績との連動

　個人の頑張りが適切に評価され，反映される報酬制度とする。個人のモチベーションを高め，業務目標達成を促す報酬制度とする。

- グローバル基準とローカル・カスタマイズ

　報酬に関する基本的な考え方はグローバル共通とするが，個別の金額は各国・地域（ローカル）の事情に合ったものにカスタマイズする。

④　評価制度

　評価制度の基本的な枠組みについてはグローバルで統一を図りたい。目標管理制度（組織の目標を達成するために，社員が自分の貢献できることを目標として設定する制度）を共通的に用いるなどの基本的な考え方を定め，それをベースにグローバルで評価項目，評価プロセス，フォーマットなどを統一化する。これによりグローバル規模での優秀人材の把握，育成等を効果的に行うことにつながる。

　上記を参考に何をグローバル共通で持ち，何を各国・地域または各法人単位で持つのかを，本社人事部門が中心となって定め，グローバルに展開していくことになる。

5－2　国・地域ベースで管理すべきもの

　国・地域の人事部門の役割は，グローバル人材候補者の育成（パイプラインの確保）と，ローカルの事業活動に必要な人材の確保，そのための各国法令，就業観にあった仕組みの構築と運用となる。上記5－1で述べたグローバルで共通的に持つ基本的な考え方，ポリシーをベースに各国・地域で最適なやり方が実施される部分であり，代表的なものが具体的な給与水準，給与支払実務，年金や医療保険といった福利制度である。

　また，法規，就業観，マジョリティとしての人材マーケットは，（上位の一定レベルの層を除き）国境を越えるべきものではないため，各国・地域の人事でベタープラクティスを設定し運用していくことが合理的であろう。人材育成領域は，単年度の計数を前提とした事業運営とは別に3年，5年単位で想定，運用していくものであり，現地事業会社ではできないもの，しにくいものについては，RHQベースで進めておくべきものがある。

5－3　人材マネジメントの類型

　クロスボーダーM&Aにおける人材マネジメントは，要素ごとにいくつかのやり方がとり得る。図表4－2は第7章におけるヒアリング事例（A～D社）の整理であり，参照しながら下記に示す類型を見ていきたい。

図表4－2　ヒアリング事例における人材マネジメントの類型

項目	選択肢	A社	B社	C社	D社
人事戦略	1．各国・地域で個別の人事戦略 2．部分的にグローバル共通化 3．大半の部分においてグローバル共通の人事戦略を策定	3	3	2	2

人材マネジメントの主体	1．現地のHR責任者が主体となる 2．幹部社員の人材マネジメントには日本本社が関与，一般社員については現地のHR責任者が実行 3．一般社員の人材マネジメントについても日本本社が一定程度関与	1&2	2	2	1
人材交流 （配置）	1．グローバル規模での人材交流はあまりない 2．幹部社員のみグローバルに人材交流を行う 3．一般社員についても人事交流を行う	3	2	2	1
人事制度 （等級制度，報酬体系，評価制度など）	1．各国・地域で固有の制度 2．部分的にグローバル共通化（各国・地域の労働慣行の影響を大きく受ける部分については国・地域別） 3．大半の部分をグローバル共通としている（法令上やむを得ない部分を除く）	3	2	2	2
買収後の処遇・労働条件	1．基本的には処遇・労働条件は買収前の状態を維持 2．買収後一定期間は現状維持し，その後，幹部社員のみグローバル共通処遇へ移行 3．買収後一定期間は現状維持し，その後全社員に対して，（一部）グローバル共通の仕組みを導入	3	3	2	3

　これまでの日本企業のクロスボーダーのM&Aにおける人材マネジメントの仕組みとしては，大きく以下の3類型となっている。

5－3－1　各国で個別管理する方法

　基本的な人事戦略，評価・報酬体系・社内等級制度といった人事の基幹制度，人事労務管理の仕組み（労働条件，報酬の水準，福利厚生等）は各国別に運営され，共通化は図られない。各国の人材マーケットに最も即した個別の人事戦略，制度，運用を狙ったものである。このやり方においては，国をまたぐ人材の異動は基本的に予定されていない。人材マネジメントは現地のHRリーダーに一任させる。

① 　採用：各国のHRリーダーまたは各現地法人のHR責任者に採用権限があり，そこで採用数，および最終的に誰を採用するかが決定される。各国・地域の実情に応じたスピーディな人員補充が可能となる。一方で，現地幹部社員の採用について全く日本本社が関与しないことは，企業グループ全体への影響やガバナンスの観点から現実的ではない。

② 　配置：各国または各現地法人のビジネスリーダーまたはHRリーダーに人員配置の権限がある。地域または現地法人を越える人事交流は想定されていない。

③ 　退職（解雇）：各国または各現地法人のビジネスリーダーまたはHRリーダーに解雇の権限がある。当該国・地域の労働法規の制限を受けるため，現地のHRのサポートのもと，場合によって現地弁護士のアドバイスも踏まえて実行される。

④ 　処遇：現地法人ごとの処遇制度が運営される。多くの場合，買収前から持っている制度を継続して運営させることになる。処遇の連続性，安定性に重きを置いた，また各現地法人の自主性を重視した取扱いといえる。

⑤ 　評価：現地法人ごとに固有の人事評価制度が運営される。多くの場合，買収前から持っている制度を継続して運営させることになる。現地法人ごとのビジネスの性質の違いを重視し，それぞれのビジネスで重要な指標に基づく評価を目指す。

⑥ 　育成：各国または各現地法人の人材育成制度が運営される。日本企業に多くみられる人材育成を考えた企業グループ間のローテーションはあまり想定されていない。

事例

　この企業（第7章の事例C社）においては，M&Aにおいては基本的には可能な限り買収子会社の自主性を尊重する方針であり，日本本社のやり方を押しつけることは考えられていない。買収先がもともと持っている良さを生かしてほしいと期待されている。基本的な人事戦略については，海外における買収先を日本本社の戦略と整合させることはほとんど行われておらず，地域ごとに個別の人事戦

略がとられている。人材マネジメントについては，通常の人事管理であれば各社ごとに行われている。RHQがガイドライン・基準を持っており，それに沿って各社が実行しているが，買収子会社の企業に適用しているケースはほとんどない。人事基幹制度（等級制度，評価，報酬体系など）については，国・地域ごとの固有の制度となっており，買収先においては基本的には処遇・労働条件は買収前の状態が維持され，人事制度を統一化することはほとんど行われていない。

５－３－２　一部をグローバル共通管理とする方法

　人事戦略と基幹制度の大部分をグローバル共通で持ち，労働条件等，各国の労働慣行の影響を大きく受ける部分については各国個別で持つスキームのことである。一部幹部社員のみグローバル規模で国・地域をまたいだ人事異動や出向などの人事交流が図られる。社員の処遇・労働条件は一定期間は現状維持となるが，その後，幹部社員のみ評価，インセンティブについて日本と共通のものが導入される。幹部社員の人材マネジメントについては日本本社も関与し，一方で一般社員の人材マネジメントについては現地のHRリーダーに任せる。

① 　採用：各国のHRリーダーまたは各現地法人のHR責任者に基本的に採用権限があり，そこで採用数，および最終的に誰を採用するかが決定される。一方で，一定層以上の幹部クラスの採用については企業グループ全体の人材管理，人材育成の観点から日本本社（日本の事業部門）の承認を必要とする。

② 　配置：各国または各現地法人のビジネスリーダーまたはHRリーダーに基本的に人員配置の権限があるが，一定層以上の幹部については企業グループ全体の人材管理，人材育成の観点から日本本社もその意思決定に関与する。一部の企業グループ全体としてのキー社員については，地域または現地法人を越える人事交流も検討され，広い視野を持たせたり，経験を積ませることが考えられている。

③ 　退職（解雇）：各国または各現地法人の事業責任者またはHRリーダーに社員を解雇する権限がある。当該国・地域の労働法規の制限を受けるため，現

地のHRのサポートのもと，場合によって弁護士のアドバイスも踏まえて実行される。一定層以上の幹部クラスの解雇については，日本本社が意思決定に関与する。

④　**処遇**：基本的な処遇設計における思想はグループ共通で持たれるが，国ごとの慣行や法規制の影響を大きく受ける部分については，各国・各現地法人で個別に処遇制度が運営される。一部の幹部クラス以上について，グローバル規模で整理された職務価値をベースとした処遇ランクの決定が行われることも多くみられる。

⑤　**評価**：企業グループ全体で共通の評価制度を導入する（一定層以上に限定する場合もある）。企業グループ全体での人材マネジメントを行うための取組みである。

⑥　**育成**：各国または各現地法人の人材育成制度とグループ共通育成施策の組み合わせとする。一部の将来のリーダー候補については，短期間日本で仕事をさせるなど，日本本社も関与している。

> **事例**
>
> この企業（第7章の事例D社）では，買収の目的に応じて，モニタリング，コントロールのやり方が変えられるのが基本的な考え方である。人事戦略についても原則的に買収後，各社レベルで各国法制にあわせて個別に決定されるが，その一方でグループ共通で実施されるべきポリシーもいくつか存在している（経営陣に対しての報酬設計（ストックオプションなど））。解雇の実施などリスクの高いものは各社に権限委譲せず，事業部門レベルで決裁権限を持ったままマネジメントがされている。人事基幹制度（等級制度，評価，報酬体系など）については事業部門単位で基本的に統一化されているが，制度の企業グループ全体での共通化まではなされてはいない。被買収企業は買収後一定期間は現状維持し，その後，全社員に対して事業部門共通の仕組みに乗り移っていく。

5-3-3　大部分についてグローバル共通化を目指す方法

　人事戦略と人事制度，ならびに労働条件など一部各国の法令上変えるべき部分を除いて，大半の人事処遇管理までグローバル共通で持つ。福利厚生のス

キームなども，従業員に提供するパッケージなどに関する方針レベルでグローバル共通のものとする。役員クラス幹部社員のみならず管理職や一般社員についても人事交流を実施する。社員の処遇・労働条件は一定期間は現状維持とし，その後，全従業員に対して一部グローバル共通の人材マネジメントシステムを導入する。一般社員の人材マネジメントについても日本が一定程度関与する。

① **採用**：幹部社員の採用についてのみならず，一般社員の採用についても日本本社（日本の事業部門）が関与する。ただし，個別の採用プロセスを日本本社で行うことは現実的ではなく，実際の実行について現地のHRが行う。定員人員管理などが日本本社と同様のやり方で管理される。

② **配置**：一定層以上の幹部だけでなく，一部の一般社員についても日本本社が関与する。幹部社員だけでなく，一般社員についても人事交流が図られる。

③ **退職（解雇）**：一定層以上の幹部クラスだけでなく，一般社員層の解雇についても日本本社が意思決定に関与する。現地駐在員が現地の弁護士等に相談しながら現地のHRとともに解雇を進める。

④ **処遇**：基本的な処遇設計における思想はグループ共通で持ち，一部の国ごとの慣行や法規制の影響を大きく受ける部分以外は，積極的にグループ共通の処遇を適用していこうという意思を持つ。グローバル規模での処遇制度や等級制度，報酬基準などが用意される。

⑤ **評価**：企業グループ全体で共通の評価制度を導入する（一定層以上に限定する場合もある）。企業グループ全体での人材マネジメントを行うための取組みである。

⑥ **育成**：グループ共通育成施策を積極的に展開していく。一部各エリア特有のものは各国・地域，各法人で実施される。グループ共通の幹部候補人材プールが設定され，将来のグループリーダー候補のための育成施策プランが用意されており，日本本社の社長や人事担当役員が定期的に育成状況をモニタリングする。

　この企業（第7章の事例B社）では，基本的には，買収対象会社個々に人事施策を任せるのではなく，本社管理の仕組みの中に入れ，ガバナンスをしっかり効かせていこうという思想である。グループ共通の人事に関する基本方針があり，活用されている。例えば，グローバル人材情報システムの導入とシステムを用いた人材情報の活用，社員意識調査による組織力の向上，グローバル共通の等級制度・評価制度・教育体系・報酬ポリシーによる人材マネジメントの強化などが行われている。被買収企業は，一定期間をかけて共通の仕組みへの移行が図られる。移行は多くの場合，PMIフェーズで行われるが，アイテムごとに最適な移行タイミングが検討される。

＊　　　　＊　　　　＊

　重要なのは，M&Aの狙い，つまり事業戦略や経営戦略，それを実現するガバナンスの方針に沿った形で，どのように人材マネジメントを行っていくかの検討がされることであり，企業のガバナンスの方針と人事方針が整合していなければならない。ガバナンスは仕組みを構築するだけでうまく回るものではなく，それを従業員が正しく理解し，人の手で機能させることが必要である。ガバナンスを実際に実行させるという意味において，人事方針はその拠り所となるものでもあり，非常に重要である。ガバナンスを機能させることで，従業員の業務範囲や責任範囲が明確になり，透明性の高い組織になる。それにより，従業員の定着，人材の確保，モチベーションの向上につながる好循環が期待できる。また，上記で紹介した基本の3類型の中でもいくつかの部分で共通化の濃淡はつけられることがある。なお，各国・地域の個別管理とする場合は，多くの部分を現地に任せることとなる。その場合は誰に任せるのかという観点も重要である。任せられる，信頼に足る人材が存在するのか，突然の退職のリスクをどう考えるか，国・地域での人材マップ（タレントプール）やサクセッションプランも念頭に置いて，何をどこまで任せるか（または日本本社でグリップを効かせるか）を検討することが必要である。

　現地経営者の育成について6で述べる。

6 ｜ 現地経営者育成の重要性，理念浸透活動，コミュニケーション円滑化の仕組み

6－1　現地経営者育成

　日本本社からのコントロール，駐在員を通じたマネジメントでは限界があり，M&Aの成功の鍵を握るのは現地でのビジネスのやり方，慣習等に精通した現地経営層（以下「現地キー人材」ともいう）となる。人材マネジメントの分野においても，時差や物理的な距離もあり現地採用社員の日々の活動を日本本社で細かくチェックすることは不可能である。日本本社，現地法人双方にお互いがよく見えない状況になり，信頼関係の醸成が進まず，ビジネスの進捗に影響が出るおそれもある。1つの対策として，現地キー人材を活用し，その人材を通じた現地人材マネジメントを進めることもあり得る。現地経営者の育成について以下に重要なポイントを記載する。

6－1－1　リテンション

　現地キー人材のリテンションについては，重要な経営課題と捉え，買収成立後も残って会社の成長にコミットしてほしいという意思を丁寧にわかりやすく伝えることがまず必要である。また，（米国の場合）あわせてLong Term Incentive Plan（LTIP）などのリテンションプラン（例えば，3年間の勤続，業務成果に応じて追加的な報酬を支払うもので，長期の勤続と業績達成の両方を目指す報酬制度のこと）などの導入も検討する必要がある。このとき，日本本社側のやり方，考え方を押しつけるのではなく，現地法人の実情に即した実効性のあるプランを導入することが重要となる。現地法人のHR責任者を中心にプランニングを進め，GHQとも確認のうえ，魅力ある制度の導入を行いたい。

　また，各現地法人の重要ポストへの登用もリテンション上，有効な手段である。現地法人においては，ある一定層より上には昇進できないという，いわゆるグラスシーリングがある場面がある。いくらパフォーマンスが高くても，日

本人以外では一定レベル以上のマネジメントポジションには就けないと思われているケースも多く，労働流動性が高い国や地域では転職につながり，また転職しないケースであっても，表面上だけのコミットメントにとどまり，真に期待していた業績向上や現場オペレーションが機能しなくなることになりかねない。

　一方で，転職がかなり一般化している海外の国・地域においては，どれほどリテンションを試みても避けることのできない人材の流出はある。その場合に備え，属人化している業務の洗い出しと人材流出に備えた準備が必要となる。後継候補のサクセッションプランと人材育成についても検討しておくことが重要である。

6−1−2　現地キー人材の役割の類型

　現地キー人材の役割の類型を以下に示す。下記類型を別々の人材で賄うケースもあれば，1人のキーとなる現地採用幹部の中のトップがまとめて担うケースもあり得る。それぞれの現状の人材，後継候補者と育成策を洗い出し，キー人材のパイプラインを保持することが中長期的な成功には欠かせない。また，買収対象会社のカリスマ的な経営者に当該地域における下記の役割をすべて担わせるケースがよくある（地域代表者，またはRHQのトップのような形）。そのような経営者はグローバルビジネス経験も豊富である，日本企業の文化も理解し，日本幹部との人脈もうまく形成しているなど，非常に貴重な人材であるケースが多い。当該経営者が属人的にやれているところも多く，その経営者が企業に従事している場合は問題ないが，その後継となると考えられていないケースも多い。当該経営者とともにサクセッションプランを早い段階から検討したい。

【現地キー人材が担う役割の類型】

① 　現地法人の経営責任者

　1つの現地法人の経営責任者として損益責任を負う。レポートラインは当該

事業部門の責任者クラスになる。

② 　国・地域内の複数の現地法人およびその社長を束ねるリーダー

ビジネス視点での地域統括者である。国・地域の中期経営計画の策定および
実行や，国・地域内の各ビジネスに対する権限や影響力を行使する。地域の
ローカルリーダーのメンター役やコーチ役を担い，日本本社，現地幹部社員お
よびその候補者へ育成状況のフィードバックを適宜行う。また，地域リーダー
層のサクセッションプランに関与し，人材育成のために地域内での会社を越え
たローテーションなどを実現するための働きかけ等を行う。

③ 　地域内の間接業務機能，シェアド・サービス機能の責任者

各間接業務機能（IT，法務，人事，経理，広報等）を統括する責任者である。
各機能のスタッフのキャリアパス，地域におけるファンクションのリーダーの
人材育成，サクセッションプランに責任を持つ。ガバナンス，コンプライアン
スの責任者でもある。地域における理念共有，企業文化の啓蒙の旗振り役とな
る。

④ 　日本本社と現地法人の事業のつなぎ役

日本と現地の連携の架け橋としてコミュニケーションに影響を及ぼす。日本
と現地間の調整を行う。日本の組織や意思決定プロセスを理解しており，日本
の幹部とも人脈を持つ。必要に応じて現地ローカルのビジネスリーダー層と日
本の関係者を結びつける。また，日本以外の他の地域とのコネクトも推進し，
情報交換や共同の取組みを推進する。

6−1−3　権限・役割の明確化

現地キー人材の活用でしばしば問題となるのが，その権限と役割が不明確で
あることである。現地経営者には日本本社からミッションがアサインされるが，
それを実現するための権限が伴っていないケースがあり得る。特にRHQを置

くケース等でRHQのトップに地域ガバナンスのためのモニタリングや地域内現地法人の統制を求めることがあり得る。また，各地域の各ファンクション（IT，総務，法務，人事，経理）の責任者に地域内での仕組みやプロセスの統一化，集中化および業務高度化や，コストダウンなど現地法人横断的な取組みの推進を担わせるケースもある。残念ながら，そういった場合に現地の各ファンクションの責任者の権限と役割が一緒に明確に規定されていないケースがあり，オフィシャルなパワーがない中で，インフォーマルな影響力を行使するだけで，各現地法人をコントロールしなければならない状況がみられる。加えて，事業部サイドに最終的な意思決定権限があり，地域のリーダーには実質，何の権限もない場合もみられる。日本人リーダーであれば，関係者と調整をしながら環境を整え，合意を取り付けながら進めていくことがあるが，米国のように個人の権限責任がはっきりしていることが求められる国においては，そのようなことは期待できない。そのような場合，地域リーダー層はフラストレーションを抱え，日本サイドが思うような成果は発揮されず，最悪の場合，退職してしまうケースも想定される。現地経営者にミッションを与えるにあたり，それを遂行するうえでの権限とリソースを手当てすることが非常に重要である。

6－1－4　サクセッションプラン，育成施策

　サクセッションプランを作成し，中長期にわたってふさわしい人材が最適な役割を担い，事業の成長が停滞しないことが重要である。また，そのための十分なタレントプールがあるかを確認し，中長期にわたる育成施策とともに検討されなければならない。

　まずはキーとなるポジションを洗い出し，そのポジションに求められる役割，知識，経験などを明確にする。そのうえで，現行のポスト就任者とともに，その後継者候補を確認する。その際，比較的短期（1〜3年以内）に後継者となることが可能な候補者，3〜5年のスパンで今後の育成を考えるべき候補者，現在のポスト就任者の急な退職などのケースで緊急対応となることができる候補者などとタイムスパンで分けて候補者を検討する。候補者選定後は，360度

フィードバック（従業員の部下，同僚，上司からのフィードバックと，従業員自身による自己評価のギャップを測り，そこから自己のリーダーシップスタイルの変容を促す仕組み）やリーダーシップの発揮度合いを測る各種アセスメントにより上位ポスト就任のための要件と現状の力量のギャップを明らかにし，そのギャップを埋めるための育成施策を展開していく。そして，定期的に育成状況をレビューし，必要に応じてやり方を修正するなどの対応を行っていく。

　後継者の決定については，社内での昇格と社外からの登用の両方が考えられる。社内での昇格については，社内の仕組み，風土や人脈を理解している者が後継者となることで移行がスムーズに進む利点があり，またコスト面からもメリットがある。しかし，社内に適切なスキルセットや経験を持つ人材がいない場合，社外からの登用も検討されなければならない。社外からの登用により，人材の多様性が増す利点もある。その際，オンボーディングのプロセスと短期間での育成施策についても採用前に十分に検討しておく必要がある。前任者やその他適切な者にしばらくの間メンターをさせることも有効な手段である。

　サクセッションプランの中で駐在員から現地キー人材への交代が検討されることが多い。日本企業のグローバル化として，各国・地域においてローカル化を進めていくことは当然の流れといえる。ただし，そのローカル化ありきではなく，ビジネス全体におけるその会社の位置づけや状況に応じて最適なステップが考えられるべきである。また，将来の現地キー人材候補に対して，当該人材がその候補となっていることを明示的に知らせるかどうかの対応が難しい場合がある。一般的に日本では，明示することによるマイナスの影響を避けるため（対象者の慢心や対象に選ばれなかった層のモチベーション低下），オープンに伝えられないことが多いように思う。一方で，人材流動性の高い米国などでははっきり明示して，本人にそれに向かって意識づけをし，リテンションすることが狙われる。はっきり明示しない限り，優秀な人材は転職してしまうリスクが高くなるからである。各国・地域の実情に応じた最適なやり方が検討されるべきである。

　サクセッションプランについて日本本社がどの程度関与するかが問題となる。

多くの会社で企業グループ全体の幹部人材については日本本社に人事権があり，また各現地法人の幹部クラスについては，その現地法人を所管する日本の事業部門の長が権限を有していることが多い。一方で，対象者の日々の状況について，日本本社側からは詳細に把握することは困難であり，現地法人のHRの参画が欠かせない。現地法人のHRと日本本社のHRが一緒になって，グローバル規模の人材マネジメントを実現できる仕組みが必要である。その際，どの層が日本で人事権を持ち，どの層が現地で人事権を持つかを明確に規定しておくことが重要である。また，ローカルの優秀層について日本本社側の幹部が知る機会を設けたり，海外幹部を日本で短期間駐在させるビジネス理解や人脈形成を図ったりする取組みも行われている。これらは有効な工夫である。

6-2　理念浸透活動

　買収後の企業を単体で経営する場合を除き，企業グループの持つ理念や哲学などを被買収企業と共有し，海外社員にも浸透させることは非常に重要である。また，同じグループの一員であるという意識・一体感を醸成することは，日本本社と海外子会社とのコミュニケーションを円滑にし，グループ企業間での共同の取組みの実効性を高める。DD段階で対象組織の組織文化を把握したうえで，PMI以降より理念浸透，グループ意識の醸成に努めていく必要がある。買収した側の日本企業の組織文化・風土とその日本本社の経営陣の方針を理解してもらう企業グループ内でのコミュニケーション施策や現地採用幹部クラスと日本本社の経営陣が集い，日本本社のトップより経営状況や方針を説明する場の設定や，現地採用幹部層とその将来の候補者クラスを集めて企業理念理解やそれを日々のビジネス活動にどう落とし込んでいくかをディスカッションするワークショップを開催するなど，さまざまな工夫が考えられる。

6-3　コミュニケーションの円滑化

　コミュニケーション方法には違いがあることを前提に異文化コミュニケーションにおける注意点や工夫について学ぶ研修プログラムなどは有効である。

　その際，日本企業なので海外子会社側が日本本社に合わせるべきとして，一方的に海外子会社側に日本本社のことを理解させようとするだけでなく，日本本社側でも海外子会社の理解を図り，必要に応じてやり方を改めることができなければ真に効果的なコミュニケーションにはならない。コミュニケーションは双方向のものであり，違いを持つ両者が互いを尊重しあうことで，よりよいコミュニケーションに努める必要がある。

　すでに日本企業によるグローバル規模でのM&Aが多くみられるようになっているが，その流れが一層進むのは間違いない。一方で，従来の日本型人材マネジメントの特殊性からM&A当初に描いていた期待どおりの成果を上げられていないケースも少なくない。ビジネスがグローバル化している今，HR部門もグローバル化していくのは当然の流れである。重要な経営資源である「人」を取り扱うHR部門がクロスボーダーM&Aで果たすべき役割は大きく，経営者の戦略的パートナーとして，事業戦略・経営戦略を正しく理解し，その実現のための人材マネジメントを推進する必要がある。

〔参考文献〕
Abegglen, J. "The Japanese Factory"（1958年）

第5章 ファイナンス

1 | クロスボーダーM&Aとファイナンス的視点

　本章では，クロスボーダーM&Aにおけるファイナンス的視点からのPMIについて扱う。なお，本章における記載内容は，いわゆる一般的な日系企業，すなわち経理・財務業務を主たる担当領域とし，経営企画や事業企画業務は担わない体制を前提としている。

　企業活動の結果は，最終的には財務数値に現れる。前章までに述べた本社集権型，地域分権型，本社・地域複合型のいずれにせよ，PMIの最終ゴールはグループ経営視点からの企業価値向上であることに間違いはない。しかしながら，国内完結のM&Aと異なりクロスボーダーM&Aについてファイナンス的視点から見た場合には，買収対象会社が所在する国の金融制度や税制，資金決済の仕組みといったビジネスとは異なる視点からのPMIの難しさが存在する。さらには現地スタッフの気質や人的資源の問題も加わり，各企業とも多くの苦労を重ねている。このため，国内では盤石な大手企業であってもクロスボーダーM&Aにおいては失敗事例も多い。

　もちろんM&Aをめぐっては個別のケースごとに経緯や経営を取り巻く環境が異なるので一概に整理することは難しい。本書における3つのパターンに基づいて言えば，経営戦略に係る視点からは，資本集約型の製造業を中心とした産業においては本社集権型のマネジメントが効率的である。一方，食品や外食

産業など各国の文化・習慣への適応が求められる産業においては一定の地域分権型のマネジメントが適しているとの見方がある。また，本社・地域複合型については，現時点において明確な解はなく，各企業が試行錯誤している中で散発的に成功・失敗事例が重ねられているという状況と思われる。

　一方で，上場企業として求められる連結決算や財務面での各種実務運営の面から，グループ運営の一体性が求められるファイナンスについては，最終的には本社（GHQ）による一元管理が必要という色彩が強い。他方で，IT技術の進展に伴い企業活動のスピード感が求められている現代においては，集権構造の効率性と分散構造の適応性を両立させたより高度なPMIが，ファイナンス面についても求められている。具体的には，戦略とガバナンスの2つの視点から，例えば，本社（GHQ）の最終的な一元管理のもとに，事業軸での本部機能（BHQ）あるいは，地域軸での本部機能（RHQ）に，一定の権限を委譲したうえで，本社（GHQ）がこれらを最終的に統括するという体制である。本社（GHQ）と事業軸での本部機能（BHQ）ないし地域軸での本部機能（RHQ）との権限委譲の多寡によって，本社（GHQ）が持つポジションは，より一体的にもなり，より投資家的にもなる。

　このように，ファイナンス面からのPMIについては，各社のビジネスや組織体制の実情に合った高度な本社（GHQ）による一元管理の方法の模索ともいえる。

　本章では，こうした問題意識のもと，ヒアリングによる個別ケースから導き出された参考事例も紹介しつつ，ファイナンス面からのPMIについて述べる。なお，本書を取りまとめるにあたり，ヒアリングを実施した企業におけるファイナンス面の主要論点の一覧は以下のとおりである（第7章も参照）。

図表5−1　ファイナンス関連主要ポイント

	A社	B社	C社	D社
ガバナンスの階層構造と本社のコントロール	・日本本社(GHQ)，事業本社(BHQ)，グループ子会社という3段階 ・BHQとグループ子会社の各CFOは，それぞれ担当領域・法人の財務分析・管理と事業管理の責任を，グループCFOは全社ベースの財務分析・管理を担う	・日本本社(GHQ)を頂点に強い集権的構造 ・買収子会社は海外事業本社(BHQ)の100％傘下に収めたうえで，グループのポリシーと統一ルール等を早期に注入	・日本本社(GHQ)を頂点に強い集権的構造 ・買収子会社は日常的なオペレーションが残る程度	・日本本社(GHQ)をグループ全社の統括部門としつつも，主力の3つの事業部門ごとに本部機能を有する組織(BHQ)が強い独立性を有する
現地CFO人材	・出自に関係なく，買収子会社に適任の人材がいれば，現地での雇用継続	・BHQから派遣	・GHQから派遣	買収子会社に適任の人材がいれば，現地での雇用継続（買収子会社にCFO機能が必要な場合に限る）
グループファイナンス，キャッシュ管理	・リファイナンスはケース・バイ・ケース ・キャッシュはキャッシュ・マネジメント・システム(CMS)で統合管理	・早期にグループのキャッシュ・マネジメント・システム(CMS)に組み込み一元管理体制へ移行	・リファイナンス実施 ・キャッシュはキャッシュ・マネジメント・システム(CMS)へ移行しGHQが一元管理	・キャッシュの一元管理など，グローバルでの戦略・仕組みはGHQが決定。 ・GHQが定めるルールの中でBHQが財務戦略を主導
日常管理	・金融実務は原則，世界に数カ所あるビジネスセンター（バックオフィス）が実施。現地（各国の拠点）は，金融実	・グループ統一ルールに基づく実務へ移行	・一定の実務は現地ベースも残る	・買収後の日常管理はBHQが実施

	・務に必要な情報を提供（システムへのデータ入力） ・規制等により現地で対応する必要がある金融実務は現地で実施			
本部モニタリング	・3年程度の中期経営計画と，年度ごとに精緻化したアクションプランを各3階層で管理	・GHQのコーポレート部門が，一元的に傘下各社の予実管理を統括	・各事業本部が設定したKPIについてGHQが横串視点で管理	・本社はBHQのモニタリング報告に対して横串比較 ・本社は投資家的モニタリングに近い立ち位置

2 ｜PMIにおける財務・資金マネジメント

　企業の数値管理について論じる場合，「財務」，「経理」，「会計」といった用語が使われているが，相互に関連する領域とはいえ日常用語としては境界線が曖昧になっている場合もある。このため，本章では，「財務」と「資金」という2つの視点から数値管理に焦点を当てて整理する。本章でいう「財務」とは，主としてバランスシート的な視点から策定する資金調達戦略や資本政策に係る事項を指す。また，本章でいう「資金」とは，主として日常業務における資金決済やCMS（Cash Management System）的な取組みを含めた資金繰り・資金管理に係る事項を指す。

2−1　財務マネジメント

2−1−1　バランスシート戦略

　クロスボーダーM&Aを経て買収された現地法人の財務戦略について考える場合でも，国内と同様にコーポレート・ファイナンスの目的そのものは変わら

ない。すなわち,「企業が資金を調達していかに効率的に運用し企業価値を高めるか」という点は,国内M&AであってもクロスボーダーM&Aであっても共通である。

　クロスボーダーM&Aが難しいのは,前述のとおり買収対象会社を取り巻く環境(金融制度,税制,資金決済の仕組みといったインフラ面に加え,文化,商習慣,現地スタッフの気質など)の問題が,国内のケースとは大きく異なるからである。また,物理的距離や言語の制約から,日本本社とのコミュニケーション・ギャップが生じやすい点が物事をより難しくしている。

　とはいえ,ファイナンスのPMIについては,当該クロスボーダーM&Aの対象会社をいかにグループ運営体制の中で有効活用し,連結グループ全体としての企業価値向上につなげるかという点から考えるべきである。その際,まずもって重要な点は,バランスシート・コントロールに係る裁量権の度合いである。具体的には,バランスシートの右側(負債,資本)について,いかなる資金調達を行い,左側(資産)についてどのような構成のもとで利益およびキャッシュ・フローを獲得するかということであり,資本政策(自己資本のみならず他人資本=外部負債調達も含む)と投資計画に基づく利益計画の実現とモニタリングがキーになる。

2-1-2　資金調達方法

　クロスボーダーM&Aのスキームにもよるが,PMIスタート時点のバランスシートの右側(負債・資本)をどのように構成するか,すなわち,いかなる資金調達コストを前提とするかは,そこから得られる利益およびキャッシュ・フローとの比較関係において重要である。

　例えば,株式譲渡のスキームで買収したケースにおいて,既存の負債,具体的には銀行借入等がある場合には,これを維持したままにするのか,日本本社からのグループ内資金でリファイナンスするか(借入・株式の構成バランスも含めて)を考える必要がある。

　具体的には,借入等に係るコストやグループ内における一元管理という視点

で考えることになる。本書においてヒアリングした企業については，ケース・バイ・ケースで考えるという方針にある企業を含めて基本的にはグループ内資金をもって負債（グループ内貸借）としてリファイナンスするとした企業が多くみられた。

なお，リファイナンスする場合の資本・負債構成については，配当等による現地からの資金還流に係る税制を視野に入れたうえで，当該M&Aを投資プロジェクトとしてみた場合に求められるリターン水準を達成するという視点から，必要な負債・資本構成を定める必要がある。

なお，前述のとおり，本書の執筆にあたりヒアリングを実施した企業においては，PMIフェーズにおいて，既存負債についてグループファイナンスによるリファイナンスを実施する方針を選択するケースが多くみられた。他方で，現地の事業軸での本部機能（BHQ）において，資本政策を含むバランスシート戦略を主導し，本社（GHQ）はそれをモニタリングするという体制にある企業もみられた。こうした，資金調達に係るBHQや地域軸での本部機能（RHQ）への権限委譲をいかに整理すべきかという点に関しては，資金調達ルートの拡充（現地の金融機関や投資家へのIRの面）や現地人材の確保といった面から，GHQの視点でみれば得られるものと失うものがあることから，いずれにしても，各社のビジネスと経営方針に照らして判断される事項と考えられる。

2－1－3　数値計画

クロスボーダーM&Aにおいても，国内M&Aと同様に，通常は買収前のデューデリジェンス（DD）フェーズにおいて買収価格の基礎となるバリュエーションのベースとなる5年程度の数値計画が策定されている場合が多いと考えられる。もっとも，ビッド（入札）プロセスにおける競争要因など数値計画とは別目線での価格の上方修正や，DDフェーズとPMIフェーズでの担当チームの入れ替わりに伴う引き継ぎの不足などにより，当初の数値計画が形骸化しているケースも多く見受けられる。極端なケースでは，売上の前提となる販売計画や，生産計画の前提となる設備投資計画の根拠数値についてPMIのスタート

段階で詳しく知る者がいないという場合もある。したがって，まずは，DDチームからPMIチームへの詳細な引き継ぎ，あるいはDD・トランザクション段階からPMI担当者がM&Aチームに加わっている（あるいはDD・トランザクション段階の担当者が一定期間PMIチームに残留する）体制が求められる。

　そのうえで，買収対象会社のバランスシートの運営方針について考える場合に重要なのは資本コストを賄うキャッシュ・フローをいかに稼ぐかという視点である。この点については，本書における３つのパターン（本社集権型，地域分権型，本社・地域複合型）のいずれについても共通課題である。資本コストを賄うキャッシュ・フローのイメージについて，EBITDA（日本の会計制度における減価償却前営業利益）を用いて簡単に解説する（**図表５−２**）。

図表５−２　地域別にみた資本コスト控除後のEBITDA

	売上高	EBITDA	資本コスト	資本コスト控除後EBITDA
X社（米国）	1,000	200	250	▲50
Y社（欧州）	500	100	60	40
Z社（アジア）	300	50	5	45
グループ合計	1,800	350	315	35

　このケースにおいて，売上高を最も上げている（グループ合計の過半）のはX社でありEBITDAも最も多い金額を稼ぎ出している。ところが，資本コストまで勘案したEBITDAでみるとX社は赤字であり，売上高が最も小さいZ社がグループ内で稼ぎ頭であることがわかる。おそらくX社は投下資金が多額か，投下資金に対するコストが高いか，あるいはその両方の要因が背景にあると考えられる。

　このケースでは単年度のPL・CFを示しているが，こうした数値計画を時間軸で展開し投下資金の回収状況を反映しながらモニタリングしていくことが重要である（具体的なモニタリング方法については後述３−１を参照されたい）。

２－１－４　資本コスト

　資本コストの考え方については専門書も多く出ており，ここで詳細に説明することは避けるが，WACC（加重平均資本コスト）をベースに，各社の状況に応じて政策的に微調整することが考えられる。

　まず，負債コストについては，現地調達が行われている場合はその金利，本社から資金を貸し付けている場合はその金利（グループ内付利水準）がベースとなる。もっとも，後者の場合，政策的に本来あるべき水準から乖離した（高い場合，低い場合の両方があり得る）金利で貸し付けている場合には財務会計とは別に管理会計的な調整が必要となる。具体的には，買収対象会社の業績が好調な局面において財務会計上の利益を圧縮する観点から金利水準を高めに設定する場合，あるいは，買収当初の立ち上げ期や業績不振な局面における経営支援的な観点から金利水準を低めに設定する場合などが考えられる。いずれの場合においても，財務会計とは別に管理会計上の利益およびキャッシュ・フローについて，日本本社と買収対象会社との共通理解のもとにKPIを定めて定期的にモニタリングを行っていくことになる。

　次に，株式コストについては，日本本社として買収対象会社に求めるROEをどのレベルで考えるかという点が重要となる。日本の上場企業の場合，昨今のコーポレート・ガバナンス改革等の議論において求められるレベル感として８％を上回る水準という考え方があり，これはグループ内でセグメント別にみた利益率目線としても１つの考え方となる（ちなみに，米系主要企業のROE水準は15％を上回る水準にある場合が多い）。

　WACCの設定については，当該M&Aの全社的な位置づけを考慮し，政策的視点から判断するという考え方もある。具体的には，数値的な案件のみの投資リターンとは別に当該買収対象会社を傘下に収めることが今後の全社戦略にとって有効な場合，例えば，有望な技術を有する企業の将来性を評価するケースや，対象会社が競合先に買収されるのを回避したり，対象会社の成長自体が自社の脅威となるといった場合の買収ケースである。こうしたケースでは，データ等から機械的に算出されたWACCについて政策的調整を加味して見直

す場合もあるだろう。また，PMIのプロセスにおいてグループファイナンスで
リファイナンスされるようなケースでは，本来，買収対象会社ではなく日本本
社自身のWACCをベースに考えるべきとの見方もある。

　今回ヒアリングをした企業の一部では，「政策的視点から生じるノイズを排
除する観点から純粋に機械的な計算式で算出する」という方針も聞かれた。い
ずれにしても当該M&Aのみならず，全社的なM&Aにかかわる方針の中で経
営判断として決定すべき論点と考えられる。

　なお，クロスボーダーM&Aの場合，税制等の状況によっては配当等で日本
本社に資金を吸い上げることが得策でない場合がある。その場合には，買収対
象会社における利益蓄積（剰余金の増加）を通じて日本本社が保有する買収対
象会社の株式価値が増加したというロジックで考えることになる。これは，投
資ファンドが投資対象企業のモニタリングにおいて実施している定期的な再評
価（リバリュエーション）と同じ考え方である。

2－1－5　補論——比率か実額か

　クロスボーダーM&AのPMIにおいて買収対象会社のパフォーマンスを評価
する場合に用いるKPIとして，IRR（内部収益率）やROIC（投下資本利益率）な
どの比率なのか，営業利益，EBITDAやFCFといった実額なのかが議論にな
る場合がある。

　結論から言えば「両方重要であり，必要に応じて使い分ければよい」という
のが筆者の実感である。日本本社の財務においては，複数抱えるPMIの進捗状
況を横串目線で評価する場合にはIRRやROICといった比率指標をKPIとするほ
うがモニタリングしやすい（もちろん，投資額そのものの多寡は十分頭に入って
いるという前提である）。

　他方で，オペレーションに追われる買収対象会社の現地スタッフの目線から
は，実額ベースの予実管理が重要になってくる。すなわち，「このプロジェク
トのROIC・IRRは〇％を目指す」という見方ではなく，「今期の売上高，利益
は〇億円を目指す」というメッセージである。

　ここでキーマンとして重要な役割を担うのは買収対象会社を担当する財務責任者である。その責任者には，本社の財務と比率（と実額）で話・交渉をし，現場に対しては実額に「翻訳」したうえで的確なメッセージを発信するスキルが求められることになる。なお，クロスボーダーPMIにおいて求められる現地の財務責任者の役割については４－２で後述する。

２－２　資金マネジメント

２－２－１　外部資金調達（格付・IR・銀行取引）

　クロスボーダーM&AにおけるPMIスタート段階での負債・資本構成のあり方については前節で述べた。ここでは仮に現地において外部調達（銀行借入や資本市場からの起債等）を含む場合についての論点を述べる。

　あらかじめ結論を先取りすれば，銀行借入にせよ起債にせよ，先進国であれば一定のルールのもとでの定型化されたオペレーションであり，銀行借入については，日本のメガバンクの現地法人から資金調達を行う方法，または，日本本社による信用保証を基に現地の金融機関から資金調達を行う方法が一般的である。また，引受先である投資銀行のサポートのもとで行われるIR，すなわち，資本市場におけるIR（社債の場合の引受先開拓）についても特段変則的な要素はない。IRについては，日本におけるメインバンクや主幹事証券とのリレーションシップに加えて現地金融機関とのコンタクトも含めた好ましい競合環境を整えることで，買収企業（日本本社）にとってよりよい好条件を引き出すことが重要である。

　現地の資本市場からの調達を選択する場合には，多くのケースで格付取得とIRが必要となる。このため，これらに要するコスト（格付取得費用，IR等にかかる費用）について，日本本社に対して支払ったうえで本社リソースによるサポートを受けるか，対応スタッフにかかるコストまで含めて現地化したオペレーションの中で賄うかという選択肢となる。

　買収対象会社が従前から外部調達を行っていた場合には当該実務を担当する現地スタッフがいるケースが多いので，そのオペレーションの要否と適否を洗

い出し，従前どおりの実務を継続するか一定の調整を加えるかを判断すること
になる。なお，細かな点になるが，何らかの事情により従前のスタッフのリテ
ンションが難しい場合には，M&A契約の中で，従前のスタッフによる十分な
引き継ぎか，あるいは一定期間の関与とサポートを義務づける仕組みが必要で
ある。

2－2－2　資金繰り管理（日々のルーティン，月次・四半期・年次）

　クロスボーダーM&AのPMIにおいて，ともすれば軽視されがちなのが資金
繰り管理である。数値計画における関心がバランスシートや損益にいきがちで
あるため，仕入れと販売に係る資金のギャップ（現地商習慣によるバックマージ
ン等の扱いを含む），人件費等の固定費をはじめ諸々の間接費の支払サイトや，
日本ではあまりなじみのない小切手の発行・受入れと資金化のラグ等，初見で
管理する担当者にとってはハードルが高い要素が数多く含まれている。

　このため，従前のスタッフがリテンションできる場合には一定期間の関与，
引き継ぎ（雇用継続も含む）と，新規担当スタッフにおけるノウハウの移転・
習得には十分に配意すべきと考えられる。

　月次・四半期といったタームでの資金の動きについて十分把握できた後は，
取引先への与信枠（金額と回収サイト）や，資金の払い出しに係る承認・実行
の権限のあり方について必要に応じてPMIの中で見直しをかけていくことにな
る。海外企業によっては，担当者が単独で実務を行っていたり，決裁者による
承認が事後承認となっていたりするケースも散見される。その場合には，不正
防止の観点から，データ作成者と承認者の区分，複数の担当者によるチェック
といった，組織機構的な仕組みが整えられているかフラットな目で考えること
が重要である。

　図表5－3では，資金繰りを管理するためのフォーマットのイメージを提示
する。

　業種によって細かなカスタマイズは必要であるが，上段に本業の実力を示す
営業収支，下段には投融資や資金調達・運用を示す数値が続いている。時間軸

としては年次予算に対して季節性を加味した月次計画としての予算を置き，当
該予算に対して実績を置き換えていくことで予実管理を行うことができる。

図表5－3　資金繰り表（イメージ）

○○株式会社　資金繰り管理シート　　　　　　　　　　　　　　（単位：億円）

		2022年4月 実績	5月 見込み	6月 予定	7月 予定	8月 予定	9月 予定	10月 予定	…
前月繰越残高	A	1,000	1,094	1,184	1,271	1,360	1,447	1,534	
	売上回収	508	503	500	500	500	500	500	
営業収入	B	508	503	500	500	500	500	500	
	仕入決済	298	300	300	300	300	300	300	
	営業費用	103	100	100	100	100	100	100	
	消費税	3	3	3	3	3	3	3	
営業支出(▲)	C	404	403	403	403	403	403	403	
営業収支尻	D=B+C	104	100	97	97	97	97	97	
	雑収入	1			1			1	
	その他	2			2			2	
営業外収入	E	3	0	0	3	0	0	3	
	支払利息	1			1			1	
	その他	2			0			0	
営業外支出(▲)	F	3	0	0	1	0	0	1	
営業外収支計	G=E+F	0	0	0	2	0	0	2	
経常収支尻	H=D+G	104	100	97	99	97	97	99	
投融資（▲）	I	10	10	10	10	10	10	10	
総合収支尻	J=H+I	94	90	87	89	87	87	89	
	資金調達	10	10	10	10	10	10	10	
財務収入	K	10	10	10	10	10	10	10	
	資金返済	10	10	10	10	10	10	10	
財務支出(▲)	L	10	10	10	10	10	10	10	
財務収支	M=K+L	0	0	0	0	0	0	0	
当月収支尻	N=J+M	94	90	87	89	87	87	89	
翌月繰越残高	O=A+N	1,094	1,184	1,271	1,360	1,447	1,534	1,623	

2－2－3　リスク・マネジメント（与信・金利・為替ほか）

(1)　与信管理

与信管理については，基本的に国内で行っている取引先に対する管理方法と同じ考え方となる。大きくは①個別取引先に対する信用調査と②信用度に応じたクレジットライン（最大与信額と取引条件の設定）である。

①については，現地で入手可能な情報ソースがあればその利用を検討するほか，ない場合であっても一定規模の取引先であれば日本国内の信用調査会社（帝国データバンク，東京商工リサーチ，リスクモンスター等々）の提携ネットワーク等を通じて入手できる可能性がある。ただし，情報の確度については国によって異なるため，信用調査会社のソース以外にも，現地メディアの報道や業界ネットワークを通じた情報入手の努力は必要である。

②については，現地法人の経営体力等も踏まえながら，一取引先当たりの与信限度額の設定をはじめとして，信用調査等を通じて得られた信用低下の際には，取引金額の絞り込みや回収サイトの短期化についてルール付けを行い，現地スタッフにそれを遵守させることが必要である。

海外企業でよくみられる事案として，取引先の信用状態の悪化がかなり進んでおり，かつそれがある程度公知の情報であるにもかかわらず，与信管理が放置されているケースがある。こうした点については，本社からの地道なモニタリングを通じて是正していくしかない。また，新規の取引開始の可否に関する判断についても，現地任せにしているケースが散見される。すべての新規取引先について把握することは困難であるが，現地法人の経営体力に照らして一定水準の金額以上の取引をスタートする場合には，しかるべき管理者の決裁を受ける体制を構築する必要がある。

こうした基本的なオペレーション面の管理方針について，今回ヒアリングした企業の一部には，マネジメントポリシー的な全社統一目線あるいは基準を早期に注入すべきと指摘する声が聞かれた。こうしたプロセスにおいては，現地の買収対象会社において従前行われていたオペレーションを大きく変更し，意思決定や報告ルールが煩瑣となるケースが多い場合でも地道に説明し理解を得

つつ新しいやり方を定着させていく努力が求められる。

　なお，意図的に現地判断で与信管理のハードルを下げたり（要件緩和），新規の大口取引を小口分散させてルールの網の目を潜るようなケースについては，不正防止という観点から考える必要があり，本章の範疇を超える点についてであるため，ご容赦いただきたい。

(2)　金利・為替管理

　本章における金利・為替の管理については，市場動向による相場変動リスクのことを対象とした点をあらかじめ明記したうえで述べたい。

　金利にせよ為替にせよ，市場動向について100％予測を的中させることは不可能である。もっとも，取引先の銀行や証券会社をはじめさまざまなルートで，当面の経済情勢や市場の動静についての情報入手に努める必要がある。そのうえで，金融的手法を用いて先行きのリスクについてヘッジを行うという対策も考えられるが，その場合でも，銀行や証券会社の提案を鵜呑みにせず，本社の財務部と現地の担当セクションを中心に自社としての相場観を持つべく努力していくことが重要である。

　実際のキャッシュの受払いに係る為替リスクについては為替予約によるヘッジにより対応することが可能だが，一方で実際の資金の受払いではない，期末バランスシートの評価において，「円高＝円建てベースの海外資産の減少，円安＝円建てベースでの海外資産の増加」という構図に伴う，決算期末の数値の着地の変動要因に頭を悩ませている担当者が多い。しかしながら，この点を最終的に解決するには，海外の買収対象会社のバランスシートが日本国内の企業と規模的に近くなるまでに成長し，かつ，海外の買収対象会社における資金調達と運用が，それぞれ現地の通貨で完結するような構造でなければ打ち手も難しいのが実情である。

2－2－4　グループ一体的資金管理

　本書の執筆にあたりヒアリングを実施した企業の多くが，キャッシュについ

てはグループキャッシュ・マネジメント・システム体制に組み込んで管理するという方針を取っている。こうした実態に照らしても，資本政策をはじめバランスシート管理の主導権をBHQないしRHQレベルに委譲する場合でも，資金についてグループ全体の効率的運用を考えれば，余剰主体から不足主体へのシフトを行うことによってコストのかかる外部負債を減らすという考え方は理にかなっていると考えられる。

3 投資評価とモニタリング

3−1　買収時計画のモニタリングと見直し（PDCA）

　クロスボーダーであるか否かを問わず，M&Aについては2−1−3で既述したとおり，デューデリジェンス（DD）およびトランザクションフェーズの担当者とPMIフェーズの担当者が入れ替わることなどにより，引き継ぎが十分になされないケースをよくみかける。また，入札等における競争環境によっては，バリュエーション上，当初案と比較してストレッチした数値計画を基に買収価格が決定されることもある。

　このため，PMIのスタート時点において最も重要なことは，買収対象会社の事業計画の内容についての関係者での目線共有である。買収後のビジネス展開と数値計画のモデルが不整合であるならこの段階で見直し・アップデートを行い，事業と財務の論点を一致させる必要がある。そのうえで，年次，四半期，月次といった時間軸でブレークダウンした数値計画と，逐次明らかになる実績を「予実管理」という形でモニタリングしていく。

　政治経済の情勢や気候変動等など予測不能の事象を含めて，企業の経営環境は日々変動する。このため，誤解をおそれずに言えば「事業計画は策定した瞬間から陳腐化する」のだが，一方で多くの事象は予測可能であり，PDCAのアプローチに即して対策を講じることも可能である。

　「A事業において計画していた売上が立たないのであればB事業でカバーす

る」,「予定していた新規設備投資の工期が間に合わないのであれば,旧設備の高稼働でカバーする」など,事業面の対策については本章の範疇ではないが財務数値に関連した点でいえば,時々刻々と見直されていく事業面の施策について情報を集約したうえで,数値計画を修正していくという作業になる。これには事業部門と財務部門のコミュニケーションが重要であり,定期的なミーティングの場をセットするなどして情報共有に努めるしかない。

　そのうえで,事業運営の状況が反映された数値計画を基に,財務部門としては本件買収プロジェクトについて投資評価という目線から数値化をしていくことになるが,そのポイントについては3-2で述べる。

3-1-1　管理会計体制の構築

　既述のとおり,数値計画をアップデートしたうえで予実管理という形でモニタリングを行っていくこととなるが,決算作業として作成される最終的な財務3表(BS, PL, CF)とは別に,自社内の収益・財務管理のための管理会計の体制構築は極めて重要である。

　特にクロスボーダーM&Aの場合には,本社をはじめグループ企業との貸借や売買関係による数字の動きを調整した管理会計上の数字の動きを把握し,各グループ企業の業種や事業展開の局面に応じたKPIを定めて追いかけていくことが求められるが,この点が,通貨,言語,人的リソースの違い等から,各企業とも苦労している点である。

　また,管理会計においては,営業利益をはじめ,貢献利益や限界利益といったPL的要素を中心としたKPI設定が行われる場合が多いが,加えて重要なのは,生産性や効率性の状況もモニタリングしていくことである。具体的には,PL指標について売上・利益と従業員との関係でみた場合の効率性・生産性や,原材料と生産物との関係でみた場合の歩留まり,工場の生産キャパシティと生産量でみた場合の稼働率等である。

　以下では,具体的なケースとして,X社(実在の会社を基に編集)の管理会計のフォーマット(イメージ)を掲載する。地域ごとに営業CFと投資CFをも

とにFCFの見通しを立てたうえで予実管理を行い，その中でKPIとして，日本本社による資金回収と現地の外貨準備残高がどう動くかについてウォッチしている状況がみてとれる。

図表5－4　X社グループの外貨資金見通し

(単位：億円)

		2018年末実績	2019年実績	2020年見込み	2021年計画	2022年計画	2023年計画
米国	営業CF		95	103	100	100	110
	投資CF		−18	−42	−40	−150	−250
	FCF		77	61	60	−50	−140
欧州	営業CF		75	97	80	80	85
	投資CF		−7	−12	−10	−10	−10
	FCF		68	85	70	70	75
アジア	営業CF		225	226	230	230	230
	投資CF		−75	−83	−100	−100	−100
	FCF		150	143	130	130	130
海外合計	営業CF		395	426	410	410	425
	投資CF		−100	−137	−150	−260	−360
	FCF		295	289	260	150	65
日本本社への支払			−118	−58	−52	−30	−13
グループ計外貨残高		3,657	4,070	4,417	4,729	4,909	4,987

(注)　$1 = 130円換算

図表5－5　X社グループの外貨資金モニタリング トピック

1．資金繰り見通し	米国	・新工場建設資金の調達検討開始（2022年〜） ・営業CFはコンサバ前提
	欧州	・営業CFは微増前提 ・当面の新設投資なく，更新投資のみ
	アジア	・営業CF安定，2021年以降増産対応投資を予定
2．運転資本	米国	・買収会社の支払条件の改善交渉
	欧州	・特になし
	アジア	・特になし

3．資金繰り統制	米国	・買収子会社の予実管理の精度向上策検討
	欧州	・資金管理チームの異動期への対応あり
	アジア	・現地余剰資金の本社吸い上げスキームを要検討

図表5－6　X社グループのモニタリング資料

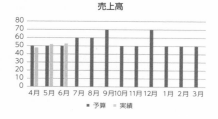

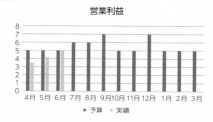

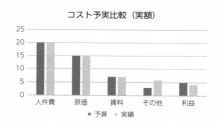

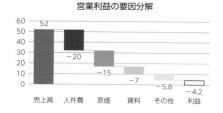

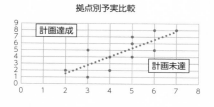

3－1－2　目標とする利益の定義と現地キー人材の評価・報酬

　クロスボーダーM&Aにおいて，特に現地の買収子会社に対する経営の裁量

権を一定程度認める場合には，前節で設定したKPIとリンクする形での，数値面のコミットと達成度合いに応じた現地キー人材の評価・報酬等のインセンティブスキームをいかに設定するかが重要である。

　日本企業の場合，現地経営者が日本本社からの「社内異動」の形で派遣される場合には，評価にも一定の制約があると考えられるが，そうではないジョブ型雇用的なプロ経営者・幹部等を据える場合（日本人であるか否かを問わない）には，その報酬設計がその他の既存の日本人の人材との比較衡量も含めてセンシティブな要素となるが，クロスボーダーM&Aに取り組んでいく場合には日本企業として避けて通れない論点である。この点についての詳細は**第4章2－1**を参照されたい。

3－2　投資評価

　2－1－4でも関連して述べたが，日本企業を取り巻く最近の経営環境として，コーポレートガバナンス・コードをはじめとする株主・投資家との関係から求められるROEの目線については意識せざるを得ない。

　財務回りのシステムの整備状況にもよるが，四半期や月次サイクルでの投資評価はかえって実務上煩瑣となる場合もある一方，年次の決算数値のみでの評価というのでは，経営上の重要な判断を下すに際して十分とはいえないと考えられる。少なくとも半期ごとのペースでは，当該買収子会社に対する投資評価を行い，日本本社と現地での目線合わせと次回投資評価時までに取り組む施策についてのすり合わせが必要である。

　評価数値としてはIRRやROICを用いるのが一般的である。しかし，一般的に事業会社がクロスボーダーM&Aを行う場合には，最終的には転売によるExitを想定する投資ファンドとは異なり，長期あるいは半永続的に当該部門を事業会社として経営していくというアプローチからの評価となる。このため，期待IRRは投資ファンドよりは低くなるが，一方で上場企業としてのROE（部門別の配賦資本を勘案したROE）は達成している必要があり，それが中長期的にも確保できないようであれば，当該M&Aのあり方について，今一度経営目線

から議論すべきである。

　なお，前述のWACCに関する部分で，政策的配慮から資本コストを調整した場合の投資評価については数値で管理することは難しいが，一般論としては，当該M&Aを投資プロジェクトとして考えた場合のROICを，WACCが上回っていることが必要となる。

図表5－7　ROICとWACC

ROIC＝税引後営業利益÷投下資本（負債＋株主資本）　＞　WACC＝負債コスト×負債比率＋株主資本コスト×株主資本比率

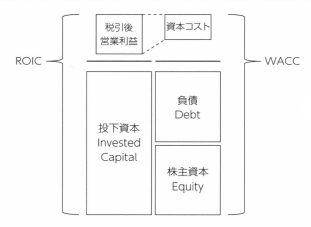

3－3　中長期の資本政策と投資回収

　ここまで比較的，短期的な財務マネジメントについて述べたが，以下では，クロスボーダーM&Aが想定どおりの成長シナリオで推移した場合の中長期的な資本政策について考えてみる。

　業績が順調に推移した場合，買収子会社に蓄積された資金を現地における次の成長投資に活用するか，あるいは異なる地域への投資に振り向けたり，日本本社による資金回収について考えたりする局面に至る場合がある。

　この場合，基本的には，負債であれば返済，資本であれば配当というトランザクションが軸になるが，一方で，クロスボーダーM&Aの場合，国によって

は国境を越えて資金を動かすことに伴う税制をはじめとする制度面の壁にぶつかることがある。したがって，クロスボーダーの資金移動・回収に際しては，当該国の制度に精通した専門家の助言も受けるなどして，税制や法律面のリスクに反しないスキーム構築が重要となる。

4 ▎HR面の課題

4 − 1　現地法人のCFOの役割と育成

以下は最近の新聞報道である（日本経済新聞，2019年12月３日）。

「日本の上場企業で会計や経理の不祥事が増えている。2019年は11月末までに〔筆者注：不祥事があったことを〕64社が開示し，これまで最多であった16年（57社）を上回った。日本企業の国際化が進み，中国など海外子会社や合弁会社などで不正が起きやすくなっている。全体の約３割に相当する18社が海外で不正が発生し，国別では中国が８社で最も多かった。国内でも子会社や孫会社へのチェックが行き届かなくなっている。グローバル時代に対応した経営管理体制の整備が急務になっている。（中略）国内外の子会社や関連会社，合弁会社で発生したケースが多い。（中略）日本企業の海外進出が一般化するなか，現地人材に権限が集中し，本社の監視の目が届かなくなっているケースが多い。（中略）両社に共通するのは，本社の監督が不十分となり，会計の適正さをチェックする会計事務所も十分に機能しなかったことだ。」。

また，筆者がかつて関わった企業では，買収した現地法人で発生した不正経理に関して，以下のような話を聞いたことがある。

「中国子会社で売上の過大計上が発覚した。そのとき，日本本社の役員が当該中国子会社の社長と面談し事情を確かめようとした際，核心に近くなった途端に早口の中国語でまくし立てられ議論にならなかった」

　クロスボーダーM&Aにおいて，現地法人の財務をいかに把握・管理するかについては，多くの企業が苦労のうえに試行錯誤を重ねている。国内において活躍できた財務人材であっても，言語，商慣習，文化の異なる海外においては，国内同様のパフォーマンスが発揮できないケースが多い。かといって，現地駐在CFOを中途採用で雇ったとしても，当該企業のそもそもの業務内容の把握からのスタートとなるので立ち上がりには時間がかかるし，人脈のない日本本社とのコミュニケーションもうまくいかない。

　結局のところ，海外CFO人材は，可能ならグループ内部（日本本社内）で育成していくことが現実的な選択肢となる。そのためには，「急がば回れ」ではないが，入社後一定期間が経過したところで，社内人材プールから能力を見極めて人選を行い，最初は海外駐在CFOの補佐的なポストで経験を重ねて，やがて1つの拠点を任せるように成長させるというのが理想型である。

　あるいは，いわゆる「ジョブ型雇用」が拡がりを見せる中で，新卒ないしはスタッフレベルにおける中途採用の採用パイプラインから，将来的な財務・経理管理部門の幹部候補生を確保して，一般的なジョブ・ローテーションとは異なる育成を図っていくことも考えられる。

　なお，図表5－8では，CFOについて，管理職段階から別ルートのキャリアコースを用意して育成していくイメージを記載している。ハードスキルの専門性が異なる領域であることから，このような別ルートでの育成が検討し得る。

図表5－8　CFOの社内育成イメージ

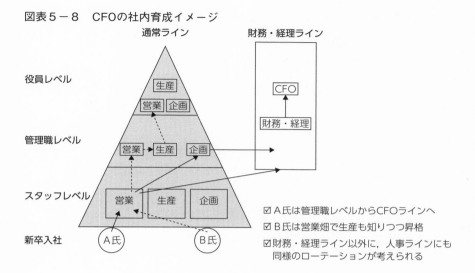

☑ A氏は管理職レベルからCFOラインへ
☑ B氏は営業畑で生産も知りつつ昇格
☑ 財務・経理ライン以外に，人事ラインにも
　同様のローテーションが考えられる

4－2　現地CFOの要件

　クロスボーダーM&A案件において，買収先で財務部門のPMIを主導する
CFOについては，ハードスキル，ソフトスキル両面での卓越した能力が求め
られる。もしくは，買収子会社の財務機能について，事業軸での本部機能
（BHQ）ならびに地域軸での本部機能（RHQ）において担う場合には，これら
BHQ，RHQのCFOに同様のスペックが求められることになる。

　具体的には，ハード面では，財務・経理全般に関する専門知識，およびこれ
らを数値化・視覚化するためのプレゼンテーションスキルは必須である。これ
らのハードスキルに加えて，言語・文化・商習慣等が日本と大きく異なること
に伴うコミュニケーション・ギャップを埋めるための人間性や交渉力などのソ
フトスキルを備えていることが重要になる。

　これらのハード，ソフト両面のスキルをフルに活用しつつ，グループ内にお
けるポジションとしては，日本本社の財務統括部門と現地の買収子会社との間
の調整役として，財務戦略全般にかかわる双方の意見相違や主張の妥協点を模

索する調整力が求められる。山間僻地や途上国などプライベートを含めた生活環境が大きく異なる場合には，環境変化に適応できるだけの精神的なタフさを有しているかも重要である。

第6章

PMIはクロージング前から始まっている
——グループ経営を見据えた買収対象会社選定，デューデリジェンス，契約交渉

　買収対象会社をグループ経営に組み込むべく，Day 1プラン・Day 100プランを綿密に準備してスタートしたPMIであるが，計画どおりに進まず以下のような問題が発生することも稀ではない。

- 買収対象会社の経営陣を入れ替えたら，旧経営陣と親しかった取引先が離れてしまい，買収対象会社の収益が大幅に落ちこんだ
- 会計システム統合に時間がかかり，内部統制報告書作成に必要な情報が買収対象会社から上がってこない
- 買手企業グループの既存部門と買収対象会社の部門が重複し余剰人員が発生することがわかったが，買収契約上，引き継いだ従業員の解雇が禁じられていて人員整理ができない

　こうした問題は，PMI事務局（PMO）を中心とした工夫で解決することもあれば，目標設定の調整やリソース配分の変更などDay 1プラン・Day 100プランの見直しをしてはじめて解決することもある。しかし，その問題は，Day 1プラン・Day 100プランに従ったPMIではもはや解決できないものなのかもしれない。そうだとしたら，いつその問題を発見し手を打つことができたのであろうか。

　「Day 1に向けて，いつ頃からPMIの取組みを行っているか」というアンケート質問に対して，デューデリジェンス（DD）時またはそれ以前からPMIの取組みを行っていると53％の企業が回答し，DD後ながら株式譲渡契約締結の段階までにはPMIを開始している企業を加えると67％に達したそうである（経済

産業省「平成30年度我が国内外の投資促進体制整備等調査（日本企業等による海外企業買収の課題等に関する調査・研究等事業）報告書」〔2019年4月9日〕https://www.meti.go.jp/press/2019/04/20190409003/20190409003.html）。このように，実はPMIは，買収実行日（クロージング日）であるDay 1に始まるものではない。そもそも買収の目的が，PMIにより買収対象会社を買手企業グループに統合してシナジーを実現していくことにあることに鑑みれば，買収に向けたすべての作業は，最終段階であるPMIを見据えたものであるべきといっても過言ではないかもしれない。本章では，買収実行までのそれぞれのステップにおいて，グループ経営を見据えて何をしていくべきかという点に焦点を当てて，各ステップを見ていくこととする。

1 ┃ 買収対象会社選定段階

　M&Aの第一段階は，買収対象会社の選定・決定に向けた検討の過程である。

　買収対象会社が検討の俎上に上るルートはさまざまである。子会社売却を考えている売手から直接声がかかるケースも，投資銀行から買収候補企業があると声がかかるケースもある。戦略的にM&Aに取り組んでいる企業の場合，業界分析を行って買収候補になり得る企業をリストアップし（ロングリスト），さらに買収候補の経営陣にコンタクトするなどして現実的な候補企業を絞り込んでいく（ショートリスト）作業を継続的に行っていることも珍しくない。

　そうした候補企業が買収に適しているかの評価において通常最も優先されるのは，候補企業が買手企業グループのM&A戦略に適合しているか否かという事業戦略上の評価である。買手企業がすでに進出している市場（地域・セグメント）において，競合製品・サービスを展開する他社を買収するケースでは，効率的に市場シェアを拡大できるか，スケールメリットを実現できるかといった点が検討される。買手企業がすでに進出している市場ながら，買手企業が持っていない製品・サービスを展開する他社を買収するケースでは，補完的な製品・サービスを組み合わせることで顧客に対する訴求力が高まり競争優位性

を高めることができるか，といった点が主要な検討事項となる。買手企業が進出していない市場で事業活動を行う他社の買収の場合，自社で新規拠点を立ち上げ拡大していくのと比べて，時間と費用の面で買収のほうがより効率的か，といった点が検討される。また，商品・サービス供給の工程において異なる段階を担う企業を買収対象会社とする，いわゆる垂直統合のケースでは，買収対象会社を企業グループに取り込むこと（内製化）のメリットとデメリットが比較衡量される。

　しかし，事業戦略上の評価だけを重視して買収対象会社を選定すると，買手企業のグローバルグループ経営との不整合を原因としてPMIの段階でつまずく可能性がある。例えば，買収対象会社が，自社製品にとって補完性の高い製品ポートフォリオを有し，自社製品の顧客に買収対象会社の製品を，また買収対象会社の顧客に自社製品をあわせて販売するクロスセリングにより競争優位性を高めることができると判断された場合でも，買収対象会社がグローバルグループ経営戦略に沿わない企業であったときには経営統合がうまくいかず，ひいては製品ポートフォリオの統合にも支障をきたす可能性が高く，そうなればM&Aとしては失敗ということになる。

　こうした観点からは，買収対象会社選定の段階から，グローバルグループ経営戦略の観点からなお適切な候補企業といえるかの検討をしていく必要がある。検討すべき要素の主なものとして，①経営陣の統合可能性，②組織の統合可能性，③企業文化・風土の統合可能性が挙げられる。

1－1　経営体制（経営陣）の統合可能性

　経営体制の統合可能性とは，買収対象会社の経営陣の体制を，買収後のガバナンスの統合方針に合致させることができるかという問題である。買収対象会社の経営陣の体制選択は，買手企業のグローバルグループ経営戦略に直結するところであり，買収後に，グローバルグループ経営戦略に適合する経営体制を買収対象会社において維持ないし構築できるかという観点からの検討が必要となる（グローバル企業グループの統治モデルのあり方は，①多角化戦略に基づく事

業モデルのあり方および国際（地域）戦略と②ガバナンス，リスク・マネジメント
および内部統制の2つの視点で考えるべきところ（第3章1参照），前者の観点に主
軸を置いた検討となる）。具体的には，統治モデルとして本社集権型モデル（第
1章2－1参照）を採る買手企業においては，本社（グローバル本社ないし事業
本社）の指示に従った現地経営陣が指向される。従前，買収対象会社を自由に
経営してきた経営陣が，買収以後，本社の指示に従って経営を行う（その意味
で経営権限が縮小される）ことを受け入れられるかは定かではない。既存経営
陣がこれを受け入れることができなければ，買収に際して旧経営陣が経営から
離れ新体制と入れ替える形が取られることとなる。他方，地域分権型モデル
（第1章2－3参照）を採る買手企業グループにおいては，買収対象会社もまた，
分権化モデルのグループの一員として現地での経営戦略を採用していく立場と
なることから，買収対象会社の組織や事業と現地のマーケットを熟知する既存
経営陣に買収後も引き続き経営に当たらせることが主たる選択肢となるが，買
手企業グループが期待する水準のマネジメント能力を買収対象会社の既存経営
陣が有しているかの確認が必要となる（第1章2－4参照）。後述するような事
情で既存経営陣を承継することができない場合には，買収対象会社において地
域分権型モデルを実現していくための新しい経営陣の構築が必要となる。統治
モデルにつき本社・地域複合型モデル（第1章2－5参照）を採る買手企業グ
ループにおいては，買収対象会社の経営陣には，子会社間で自律的にプロジェ
クトを推進したり，国際的な視点を持って買手企業グループの既存子会社に対
する知識移転を行ったりするなど，買収対象会社単体の経営にはとどまらない
能力を発揮することが期待されることになる。買収対象会社の既存経営陣が，
買収対象会社自体を熟知していることに加え，こうした新たな職責に耐えられ
るかの見極めが必要となり，それができないと判断される場合には，本社・地
域複合型モデルを現地で実行できる新たな経営陣を構築することが必要となる。

　それぞれのケースごとに，買収実行後の経営体制をどのように構築していく
かを買収対象会社選定の段階から検討していくべきである。買収対象会社をど
のような経営体制のもとで買収企業のグループ経営に統合していくかについて

のイメージが湧かない場合，そもそもその候補企業が買収対象として適切なのかについて疑問が生じることとなる。

1－1－1　旧経営陣を残すケース

　旧経営陣を買収後も引き続き買収対象会社の経営に当たらせるケースの典型例は，買収対象会社がいわゆるオーナー企業の場合である。中小規模の買収対象会社のほか，特に東南アジアでは，伝統的に大企業でもオーナー企業であるケースが多い。オーナー（創業者やその一族であることが多い）が保有するとともに経営してきた買収対象会社においては，従業員が買収対象会社に雇われているというよりオーナー個人に雇われている面が強い。また，取引先もオーナーと取引してきたという意識であることが多い。こうした場合，買収後もオーナーの求心力・影響力を維持しつつグループ経営に組み込んでいくことが，買収対象会社の企業価値の維持・向上にとって必須といえる。また，オーナー企業買収の特殊な形として，米国のシリコンバレーを中心とするテクノロジー・ベンチャー企業の買収において，実質は，オーナーおよび幹部である技術者の採用を目的として行うケースがある（こうしたケースは，acquisition（買収）とhiring（採用）を組み合わせた造語でacqhire（アクハイヤ）ないしacqui-hire（アクイ・ハイヤー）と呼ばれている）[1]。

　旧経営陣を残すケースにおいて，買手企業のグループ経営における買収対象会社のガバナンスの方針として，地域分権型モデルを採り，買収対象会社に大きな権限を与える方針を取っている場合（「委ねる」ポリシー。第2章5参照）は比較的問題が少ない。この場合には，グループのガバナンスにおける「権限

1　ベンチャー企業は，株式公開（IPO）か，高い企業価値評価を受けて買収されること（Exit（イグジット））を目指して創業されるのが一般的である。そうしたイグジットに成功しない場合，創業者にとって，ベンチャー企業を廃業して他社に転職するより，買収される形態を取ってベンチャー企業への投資家に投資された資金を返還したうえ他社の傘下に入るほうが見栄えがよいため，acqui-hireがしばしば行われている。acqui-hire後のPMIにおいては，技術者の技術のみを活用し，買収した企業ないしその事業は廃止してしまうことも少なくない。

委譲しない項目」（第2章6−1参照）について，日本本社による統一的な対
応・経営手法を買収対象会社においても貫徹できること，当初の買収計画や事
業計画の実行状況や業績見通しなどについてのモニタリングが可能であること
（第2章7参照）の確認は必要であるが，これらについて問題がない限り，旧経
営陣に権限を委譲し，買収後においても旧経営陣に，その知見・経験，取引先
等との関係など既存の経営リソースを活かしながら現地法人の経営を継続させ
ることになる。そうした経営リソースを重視して旧経営陣を残す場合，買収完
了後の一定期間，旧経営陣が買収対象会社ないし買手企業グループに残るよう
働きかけることが重要となる（第4章6−1−1参照）。そうした経営陣の引き
とめ（リテンション）の方法の典型的なものが，買収対象会社の業績などに連
動するインセンティブ報酬の付与である。また，創業者その他，買収における
売手である旧経営陣については，譲渡代金の金額および支払時期を工夫するこ
ともある。具体的には，買収代金支払を数年間にわたる分割払いとし，支払時
期まで買手企業グループに残留していることを支払条件とする方法，買収対象
会社の買収後の業績等に連動した追加代金を支払う方法（アーンアウトと呼ば
れる），買収対象会社の株式の一部を買収後も旧経営陣に持たせたままとした
うえで，買手企業の業績等に連動させた価格にて株式の売渡しを請求する権利
（コールオプション）を買手企業が取得する方法（旧経営陣としては，買手企業に
売渡請求をしてもらって手元に残った株式の現金化を実現するべく，買収対象会社
の企業価値向上に努めるインセンティブが働く）などがある[2]。

　他方，旧経営陣を残すケースにおいて，買手企業のグループ経営において本
社集権型モデルを採りガバナンスを強く効かせる方針を取っている場合（「染
め上げる」ポリシー。第2章5参照）は，問題が生じる可能性がある。オーナー
企業の場合に典型的であるように，買収前は旧経営陣が買収対象会社を自由に
経営してきたところ，買手企業グループにおいては現地法人経営陣の裁量を限

2　インセンティブの制度設計は，現地の慣行も踏まえつつ，会計，税務（会社側および
　インセンティブを受領する個人側それぞれ）および法務の観点から検討することが必要で
　ある。

定することになる場合，経営判断がなされるまでの工数が増加し機動的な経営
判断が難しくなる，現地の商習慣その他現場の事情の検討が不十分なまま買手
企業グループ側にて経営判断がなされてしまう，従前は絶対的な権力を持って
いたオーナーの面子がつぶれる，といった問題が発生する可能性がある。こう
した問題が生じた場合，旧経営陣が期待どおりの成果を上げることができな
かったり，悪い場合には，リテンションのための方策を取っていたとしてもな
お，旧経営陣の買手企業グループからの離脱に至ったりする可能性があり（例
えば，長期インセンティブ報酬を付与してリテンションを図った場合，報酬獲得に
必要な期間は買収対象会社に残留するが，報酬を獲得し次第，他社に移籍してしま
うケースも稀ではない），そうなった場合には買収時に期待した企業価値の向上
は実現しないこととなる。

　かかる事態を避けるためには，買収対象会社選定とその経営陣との間の初期
的協議の段階において，買手企業のグループ経営方針と，経営陣の買収後の経
営についての期待・希望の間で折り合いをつけることができるかを慎重に検討
しておく必要がある。具体的にはグループのガバナンスにおける「権限委譲し
ない項目」（第2章6−1参照）に加え，製品の品質管理やサプライチェーンと
いったグループ内で共通して運用される事項について本社が決定権を有するこ
と（第2章6−2−1参照）を経営陣が受け入れることができるかを検討して
いくことになる。その際，オーナーその他の経営陣の立場や面子への配慮も必
要であり，従業員や取引先に対して，買収を前向きなものとして説明したうえ
で雇用・取引継続を促すためのコミュニケーションの方法についての検討も必
要となる。

1−1−2　経営陣を入れ替えるケース

　買収を機に旧経営陣を退陣させ，買収対象会社の買収後の経営は新体制で行
うケースの例としては，創業者が大株主兼CEOとして経営してきた会社の買
収において，創業者が株式を売却して売却益を手に入れ，買収対象会社の経営
から離れるケースや，企業の一部を切り出して売却するいわゆるカーブアウト

（1－2－2参照）の場合で，経営陣は売却非対象部門に残り，売却対象部門は新たな経営陣が必要となるケースなどがある。

　買手企業のグループ経営においてガバナンスを強く効かせる方針を取っている場合（「染め上げる」ポリシー。第2章5参照）には，買収を機に経営体制を入れ替えるのが自然ともいえる。新経営陣としては，買収対象会社の幹部従業員を内部昇格させる，本社から派遣する，RHQないし同地域ですでに事業を行っている買手企業グループの経営陣を派遣する（第4章3），買収対象会社の業種に知見のある経営者を外部から採用するなどの選択肢がある。内部昇格は，買収対象会社の事業をよく知る幹部従業員を起用することで経営の継続性を保つことができる点がメリットであるが，旧経営陣を残すケースと同様に，内部昇格者の選定にあたっては買手企業のグループ経営方針を受け入れることができるかを十分検討する必要がある。逆に買手企業本社から現地に経営陣を派遣するケースでは，買手企業のグループ経営方針との整合性の観点からは問題がないが，買収対象会社の幹部従業員と連携のうえ買収実行後，早期に買収対象会社の事業や現地の商慣習についての知識を深め，従業員や取引先との関係構築をしていかなければならないこととなる。買手企業グループにおいて，同じ地域で，同じないし隣接した事業をすでに営んでいれば，当該事業ないしそれを統括するRHQから経営陣を派遣することは，内部昇格と本社からの派遣のそれぞれの問題点の解決策となる可能性がある。

　買収に向けた初期的な協議の段階では，そうした協議がなされていることを買収対象会社の中で知る者の範囲は限定するのが一般的であり，その段階で，買手企業が内部昇格の候補となる幹部従業員についての情報を得ることは容易ではない。しかし，以上のとおり，買収対象会社選定段階において，買収対象会社の経営体制を買手企業のグループ経営に統合できるかどうかは，買収対象会社の買収後の企業価値に重要な影響を有する。買手企業としては，買収対象会社との協議の中でできるだけ早く，そうした幹部従業員についての情報を入手し，買収後の経営体制の青写真を描くことができるかの検討を行う必要がある。

　買手企業のグループ経営における現地法人のガバナンスの方針として，現地法人に大きな権限を与える方針を取っている場合は，新経営陣の選定はさらに重要なものとなってくる。この場合，内部昇格については，買手企業グループにおいてその人となりを知らない昇格者が，大きな権限を与えるに足る人材であるかの判断を迫られることになる。本社からの派遣についても，現場を知らない新経営陣を本社から派遣して大きな権限を与えることのリスクは大きい。RHQからの経営陣派遣においては，派遣者の能力は事前にわかっているとともに，現地の事業についての知見についても問題が少ないことから，この場合の有力な選択肢となる。また，経営陣を退任させる場合であっても，取引先等との関係など，経営陣の既存リソースを買収実行後に活用することが望まれるケースもある。この観点から，ヒアリングをした日系グローバル企業4社のうちA社は，買収対象会社を手放した経営陣との間でアドバイザー契約を締結することや，買収契約にアーンアウト条項を定めることがあるとのことであった。

図表6−1　統治モデルに照らした経営陣の統合可能性に係る検討ポイント

統治モデル	旧経営陣が買収後も残る ・特殊形としてのacqui-hire	買収後は新経営陣が経営する
本社集権型モデル	従前自由にやってきた経営陣が買手企業グループのガバナンスに拘束されることを受け入れられるか	比較的問題の少ない類型。本社の意向を汲む新経営陣を，本社ないし既存子会社から送り込むのが主たる選択肢
地域分権型モデル	比較的問題の少ない類型（旧経営陣が，ローカル地域のマネジメントを継続する） ・リテンション	現地法人に運営を委ねることができる新経営陣が構築できるか（同地域の既存子会社・RHQがあれば横滑り，なければ現地採用が主たる選択肢）
本社・地域複合型モデル	旧経営陣を，従前のローカル地域のマネジメントから，国際的な視点を持って他国へ知識移転を行うことのできるマネジメントに変容させることができるか	ローカルと国際的な視点を併有する複雑な経営体制をゼロから構築できるか

1-2　組織の統合可能性

　買収対象会社を，組織として買手企業グループに統合することができるかについても，買収対象会社選定の段階からの検討を要する。第3章4-2で述べたとおり，企業グループは「コーポレート部門」，「スタッフ部門」，「事業部門」の3つの機能で構成されるところ，買収対象会社が買手企業グループに適切に統合されるためには，買収対象会社についてこれらの3つの機能がいずれも過不足なく備えられることが必要となる。

　買収対象会社が，買手企業グループに移ってくる際の組織の形態としては，大別して，(1)買収対象会社単体で企業として機能する状態（スタンドアローン）であるケースと，(2)企業としての機能の一部を，買収対象会社が属するグループの他社ないし他部門に依存しており，そうしたグループから買収対象会社を切り出す（カーブアウト）結果，買収対象会社単体としては機能しない状態で移ってくるケースがある。後者の例としては，複数部門を有する売手企業が特定部門だけを売却する際に，総務・人事といったスタッフ部門を売手企業に残し売却の対象に含めないケースや，売却対象事業の運営に不可欠な取引（例えば原料調達）を売手企業グループに残る部門のみから行っているケースなどがある。

1-2-1　スタンドアローンのケース

　買収時点で，買収対象会社が単体で機能するケースでは，買収対象会社の組織と，買手企業グループの組織との間の重複の有無が問題になる。買手企業グループが同一地域にRHQを有している場合や，そうでなくとも既存の組織を有している場合，買収対象会社と買手企業グループの間で部門の重複が発生する場合がある（典型的にはスタッフ部門，また既存組織の事業内容が同一・類似である場合にはさらに，営業，調達，R&Dなどの部門も重複することがある）。重複した部門を買手企業グループ内で持ち続けることは企業運営の観点から非効率であり，PMIの過程で（またはそれに先立つ買収実行前に）かかる部門を整理す

ることが必要となる。整理の方法としては，買手企業グループの既存部門に，買収対象会社の重複部門を取り込むのが一般的ではあるが，買収対象会社の重複部門の体制が買手企業グループ側に比して優れている場合（例えば，買収対象会社が強いR&D部門を持つ場合）には，買手企業グループ側の部門を買収対象会社側に統合することもある。いずれの場合であっても，統合に際して余剰人員が生じるのが通常であり，PMIの早い段階で余剰を解消する方法を検討しなければならない。方法としては，余剰人員を買手企業グループの別部門に再配置する方法と，解雇する方法がある。解雇については，現地法制のもと，使用者からの一方的解雇が認められない場合（割増退職金を提示して希望退職を募ることとなる），解雇は認められるが予告期間や法定退職金の支払が必要となる場合などもあり，現地の解雇法制とそれに伴うコストの検討が必要となる。

　買収対象会社の組織と，買手企業グループの組織との間の重複がない場合は，余剰人員の問題は生じにくい。この場合には，買収対象会社のどの部門を買手企業グループのどの部門が統括することとするかを判断し，その統括にあたり権限委譲規程を導入したり，買収対象会社の各部門に買手企業グループの内部統制が及ぶよう体制を整えたりするなどして，買手企業グループに統合する作業を行っていくことになる。

１－２－２　カーブアウトのケース

　複数事業を経営する企業においては，総務，法務，人事といったスタッフ部門を全事業が共有しているケースが少なくなく，さらにR&Dや調達などの機能も複数事業で共有していることもある。この場合において単一事業，特に非中核的事業のみを売却するカーブアウトのケースでは，共有されている部門は売却・買収対象に含まれないのが一般的である。その結果，買収対象事業は，単体では企業として機能しない状態で買手企業グループに移ってくることとなる。そこで，買収後にも買収対象事業を事業体として機能させるために買手企業グループ側でどのような手当てをすることが必要かをあらかじめ検討する必要がある。この問題は，買収対象事業が売手企業グループから離脱する際に生

じる問題（スタンドアローン・イシューと呼ばれる）の一局面である[3]。

　買手企業グループが同一地域にRHQを有している場合や，そうでなくとも既存の組織を有している場合は，買収実行以降，買手企業グループ側の既存のスタッフ部門等が買収対象事業をカバーしていくようPMIを設計することで回避が可能であることが多い（第3章7－4，第4章3(1)参照）。とはいえ，買収直後（Day 1）からすぐ買手企業グループ側の部門に切り替えるのは実務的でない場面は少なくない。こうした場合には，買手企業グループ側での準備が整うまでの一定期間，移行措置として，売手企業グループにおいて買収前と同じ扱いを続けてもらう必要があり，買収契約締結に際しては，そうした移行措置の範囲，期間および費用について定める契約（Transition Service Agreement。頭文字を取ってTSAと呼ばれる）を交渉・締結することになる（3－2－3参照）。

　買手企業グループ内に，買収対象事業をカバーできる組織が存在しない場合には，売手企業グループに残るスタッフ部門その他の部門を買収後にゼロから構築することが必要となる。この場合，TSAに基づく移行措置はより重要となり，その範囲は広く，また期間も長いものが必要となるのが通常である。売手企業グループがそうした支援を提供する用意がないのであれば，カーブアウトされる当該事業は買収対象として適切ではないという結論になる可能性もある。また，売手企業グループからの支援が得られるとしても，新部門構築には人材採用やインフラ構築のための費用が必要になるのであり，その費用は買収費用の一部として買収の収益性評価にあたり考慮しなければならないこととなる。

3　本項で述べる組織のスタンドアローン・イシューのほか，売手企業グループに属していたために得られた有利な取引条件が失われるという取引上の問題，売却対象部門の従業員が売手企業グループ全体の人事制度（年金制度など）から外れてしまうことによる人事上の問題，売手企業グループで保有している知的財産権（ライセンスを含む）を使えなくなる問題など，買収におけるさまざまな場面でスタンドアローン・イシューが発生するのがカーブアウトの買収の特徴である。

図表6－2　統治モデルに照らした組織の統合可能性に係る検討ポイント

統治モデル	スタンドアローン	カーブアウト
本社集権型モデル	〔同一地域に既存組織あり（RHQを含めて）〕 組織・人員の重複の問題あり（バックオフィス，営業，R&D…） ・再配置 ・解雇（現地の解雇法制とコストの検討が必要） 〔同一地域に既存組織なし〕 本社集権型モデルのもとで各部門をどのように進めていくか（経営陣を通じて行うか，部門ごと縦割りで直接行うか） 本社に寄せる場合にはなお余剰人員の問題あり	比較的問題の少ない類型。本社ないし同一地域の既存組織（RHQを含めて）のファンクションを使用させる
地域分権型モデル	比較的問題の少ない類型。買収対象会社の既存ファンクションを居抜きで活用する	売手側に置いてくるファンクションをゼロから構築することが必要 ・売手のリソースを当分の間，利用できるよう，Transition Services Agreementの交渉が重要となる ・ファンクション構築の費用とそれができるまでのビジネス上のインパクトを見積る必要あり

1－3　企業風土・文化の統合可能性

　企業文化研究で知られる元学習院大学名誉教授 河野豊弘氏の定義によれば，「企業文化」とは「企業に参加する人々に共有されている価値観と，共通の考え方，意思決定のしかた，また共通の行動パターンの総和」であるとされる（河野，1988）。企業組織の中でこれが具体的に表れてくる局面として，次のようなものが挙げられる。

- 価値観（革新的か，保守的か）
- 買収対象会社内での意思決定プロセス（トップダウンか，コンセンサス重視か）

- 組織体制（ヒエラルキーか，フラットな組織か）
- 従業員のキャリアパス（専門性重視か，バランス重視か）
- 人事評価と報酬（年功序列か，成果主義か）

　企業風土・文化の評価において特に重要となり得る点として，企業としての
コンプライアンスに対する文化が挙げられる（グローバル企業グループの統治モ
デルのあり方についての視点のうち，ガバナンス・内部統制の視点からの評価とな
る（第2章6－1－1および第3章6－3参照））。コンプライアンスを軽視する
企業文化を有する買収対象会社の場合，贈収賄その他の違法行為が常態化して
いるケースや違法行為なくして事業が回らないケースもあり，そうでなくとも
グループのガバナンスにおける「権限委譲しない項目」（第2章6－1参照）に
ついて，日本本社による統一的な対応が買収対象会社においても軽視され，買
収対象会社の統合に困難をきたす可能性がある。ヒアリングをした日系グロー
バル企業4社のうちC社は，コンプライアンスについて経営陣がどれだけ厳し
く考えているかを吟味している。「権限委譲しない項目」についての企業文化
の統合が困難であることが予想される会社は，買収対象会社の候補からは外す
ことも検討せざるを得ないと考えている。

　また，より一般的に，買手企業グループの有する企業文化を買収対象会社に
共有し，その社員に浸透させることは，現地とのコミュニケーションの円滑化
やグループ内での共同の取組みの実効化のために重要である（第4章5－1お
よび6－2参照）。ヒアリングをした日系グローバル企業4社のうちD社は，変
化を嫌う「古い」企業文化を持つ買収対象会社のように，カルチャーが全く異
なる場合には経営統合に差支えが生じることを指摘する。

　とはいえ，企業文化のうち「権限委譲しない項目」にかかわる部分を除いて
は，統合することなく共存するという選択もあり得る。もとより企業文化は
「統治」する性質のものではないが，企業文化の統合が必要・適切な程度は次
のとおり，グローバル企業グループの統治モデルによって異なる可能性がある。

図表６－３　統治モデルに照らした企業風土・文化の統合可能性に係る検討ポイント

統治モデル	企業文化にまつわるイシュー
本社集権型モデル	買収対象会社への権限委譲は限定的であることから，買手企業グループ内の別会社との協働が相対的に多くなり，企業文化の統合の必要性が高い。買収対象会社の企業文化が，買手企業グループの企業文化と異なる場合，買収対象会社の企業文化の再定義が必要である。買手企業グループの企業文化を受容できない買収対象会社の経営陣／従業員がドロップアウトすることも覚悟しなければならない（そうした場合の買収契約上の手当てにつき後述３－２参照）。
地域分権型モデル	買収対象会社に大きな権限委譲がなされ，買収対象会社内で完結する事項が多く，買手企業グループ内の別会社との協働が相対的に少なくなることから，買収対象会社の企業文化（「権限委譲しない項目」にかかわる部分を除く）は買収後も，買手企業グループの企業文化に統合することなくそのまま維持する余地がある。
本社・地域複合型モデル	子会社の自律性を重視する統治モデルのもと，企業文化についても自律性を尊重するか，子会社間での多国間プロジェクトの基礎として企業文化はグループ全体で統合するかの選択をすることとなる。企業文化をグループ全体で統合することを重要とする戦略を取るのであれば，上記本社集権型モデルと同様の問題が発生し得る。

2 ｜ デューデリジェンス段階

　絞り込んだ買収対象会社ないしその株主に接触し，買収に向けた協議を開始する段階で行われるのが，買収対象会社の価値やリスク評価のための情報収集・評価の活動（デューデリジェンス（DD））である。ビジネス面では，買収対象会社の情報を収集し，買収対象会社の現在および将来の価値と，買収により創出されるシナジーの価値を評価し，買収価格の妥当性の検討が行われる。また，上述した企業文化についても，買収対象会社の経営陣からのヒアリングなどを通じてさらに情報を収集し，コンプライアンスをはじめとする「権限委譲しない項目」と，価値観や意思決定といったより一般的な事項の両面について，買収対象会社がいかなる企業文化を有しているかを精査する。これらに加え，買手企業グループが，買収対象会社に伏在するリスクの評価の観点からのDD

を行うのが一般的である。こうしたDDの対象は，買収対象会社の会計，税務，法務，資産（不動産，在庫，知的財産権等），人事，IT，許認可，環境など多岐にわたる。会計，税務，法務などのDDにおいては，現地のルールに関する知識が不可欠であることから，専門家（会計士，税理士，弁護士等）を起用して行うのが一般的である。

　リスク評価のためのDDの目的は大別して次の４つに分けられる。

---

(1)　買収実施の可否にかかわる問題点（ディールブレーカー）の発見
(2)　買収実行までに解消することが必須の問題点の発見
(3)　買収価格に影響する問題点の発見
(4)　売手に負担させるべき未知のリスクの洗い出し

　PMIの観点からも，(1)から(4)を目的としたDDは重要である。こうした問題点を発見できないまま買収を実行し，PMIを開始してはじめてそうした問題点が発覚すると，PMIの実施に大きな障害となる可能性がある。したがって，そうした問題点をDDにおいて発見し，あらかじめ必要な対処をしておくこともまた，PMI成功のために必要な作業ということができる。しかし，DDの機会をリスク評価のためだけに用いるのは物足りない。買収対象会社等から情報を入手するDDの機会を，PMIのプラン策定の基礎となる情報の収集にも用い，買収実行前に精緻なPMIプランを策定する助けとすることが望ましい。

2−1　買収実施の可否にかかわる問題点（ディールブレーカー）の発見

　買収対象会社について現時点までに何らかの問題が発生している場合，問題の解消を売手側の責任において行うよう求めたり，問題の解消を買収後に買手側で行うこととしてその費用を売手側に負担させたりすることで対処できるケースが大半である。しかし，(i)そうした問題が買収対象会社にとって構造的なものであり，問題を解消した場合に買収対象会社の事業を従前どおり運営できなくなるような場合や，(ii)問題の社会的影響が大きく，そうした問題のある

会社を傘下に抱えることにより，買手企業グループの社会的評判（レピュテーション）やブランド価値を毀損することが予想される場合，そもそも買収を実行すべきか，買収検討を中止（ディールブレーク）すべきかという判断を迫られる。

　こうした問題の典型例は，重大な法律違反の問題（コンプライアンス・イシュー）である。その中でも近時特に重要なのが公務員への贈賄問題である。米国では，ウォーターゲート事件に端を発した米国企業の贈賄スキャンダル発覚を機に，海外での贈賄行為を取り締まる海外腐敗行為防止法（FCPA：Foreign Corrupt Practices Act）が制定され，1988年には，米国としてこうした取締りを各国に対して義務づける国際的な取決めの締結を求めることになった。これを受けて，1997年には「国際商取引における外国公務員に対する贈賄の防止に関する条約」がOECDにて採択され，2003年には「腐敗の防止に関する国際連合条約」が採択された（日本は2017年に受諾書寄託）。日本においては，不正競争防止法が外国公務員等への不正の利益供与を禁止しているものの摘発事例はまだ多くないが，FCPAや，英国で2010年に制定された贈収賄禁止法（Bribery Act 2010）は，米国・英国外での贈賄行為に広く適用され（域外適用），日本企業を含む米国・英国外の企業が数多く摘発されている。特に米国司法省・証券取引委員会は，買収対象会社のFCPA違反について買収した企業に責任を問う（承継者責任，successor liability）ことを明示している。こうした国際情勢のもと，買収対象会社による贈賄問題についてはDDにおいて慎重な調査が必要となる。この点は，買収対象会社の事業が，政府・自治体からの許認可に依拠している場合（例えばヘルスケア関連事業）や，政府への製品・サービス納入がなされている場合，特に問題になり得る。買収対象会社において，限定的な事案における贈賄問題が発見されたのであれば，それに対する改善措置を買収対象会社に求めたうえで買収を実行することも選択肢となる[4]。しかし，買収対象会社において贈賄が構造的に行われており，贈賄を止めれば買収対象会社の業績に大きな悪影響があるといった場合は，買収の検討継続が適切かを慎重に検討する必要がある。

　DDにおいて調査すべきコンプライアンスの問題として同じく重要なのが，買収対象会社における，マネーロンダリング活動や反社会的勢力との関係である。1989年のアルシュ・サミットにおいて設立された政府間機関であるマネーロンダリングに関する金融活動作業部会のもと，日本を含む世界各国は，マネーロンダリング対策を進めており，買収対象会社にこうした問題がある場合には，買手企業グループ全体にとって大きな悪影響が生じ得ることから，慎重な調査と評価が必要になる。

　他にも，買収対象会社に，地域住民の安全・健康に影響があるような環境問題がある場合や，従業員関係について社会問題となり得る懸念事項（例えば人種・宗教差別）がある場合などにおいても，買収を実行すること自体が買手企業グループにとって大きなリスクとなる。

　これらのような問題が発見された場合には，仮に買収対象会社が事業戦略の観点から魅力的な買収候補であったとしてもなお，リスクを勘案のうえ買収を進めることを差し控える決断をすべき場面がある。そうした問題を調査し発見することがDDの重要な目的の1つである。

2-2　買収実行までに解消することが必須の問題点の発見

　前項で見たような，買収検討の差し控えにつながる大きな問題ではなくとも，買収の完了までには解消されることが望ましい問題の類型がある。これには，買収対象会社において従前から発生している問題（例えば，事業活動に必要な許認可が失効していたり監督官庁から許認可の効力を争われており，そのままでは事

4　米国司法省は2019年3月にFCPAに基づく摘発ポリシー（FCPA Corporate Enforcement Policy）を改正し，買手企業がDDの過程で，買収対象会社の不正を発見してこれを自主申告し，当局の捜査に全面的に協力するとともに，買収対象会社へのコンプライアンス・プログラムの導入をはじめとする，適切な改善措置を適時に取る場合には，原則としてFCPA違反に基づく訴追を受けないことを示した。米国司法省および証券取引委員会が2020年7月に公表したFCPAリソースガイド（第2版）では，買収前DDの重要性を説きつつも，買収前DDを十分に行うことができない事由があった場合には，買収後にDDとコンプライアンスの統合を適時完全に行ったか否かを検討するとしている。

業活動ができなくなるおそれがある場合など）もあれば，買収により発生する問題（例えば，買収対象会社とその重要顧客の間の契約において，買収対象会社の財務・事業の方針の決定をコントロールする株主が変わった場合に顧客側から契約を解約する権利を定める条項[5]があり，そのままでは重要顧客への売上が失われてしまう可能性のある場合など）もある。こうした問題への対処方法として一般的なのは，買収契約の中で買収実行の条件（クロージング条件）を定め，こうした問題が解消したことを条件の1つとすることである（3−1−1①参照）。買収契約においてかかる手当てをすることにより，PMIのDay 1の時点では以上のような大きな問題が解消されていることを確保できる。

2−3　買収価格に影響する問題点の発見

　DDにおいて発見された問題の解消を買収実行の条件とすることについては，売手側から抵抗がある場合が少なくない。売手側でコントロールできない事情（例えば，許認可の取得完了や監督官庁との間での許認可の効力に関する争いの解消など）が買収実行の条件とされた場合，売手としては，条件を成就させ買収完了まで確実に実現できるのか，実現できるとしてもそれまでにどのくらいの時間がかかるのかという不安要素を抱えることになる。また，発見された問題の解消に年単位の長い時間がかかることが見込まれる場合（例えば，工場用地の土壌汚染が発見され，土壌改良の作業に数年かかる場合や，訴訟が継続しており終結時期を見通すことができない場合など），問題の解消を買収実行の条件として，買収実行まで何年も待つというのも現実的ではない。こうした場合であって，問題解消のために必要な金銭的影響を合理的に見積ることができるときには，問題解消は買収実行後に買手企業グループのもとで行うことを前提に，問題解消に必要なものとして合意する費用を売手に負担させたうえで問題解消を買収実行の条件から外すことも一般的に行われる。問題解消に必要な費用を売手に負担させる方法は，買収契約の項で改めて説明することとする（後記3−1−

5　こうした条項は，change of control条項と呼ばれる。

1②)。

　このように，問題解消は買収実行後に買手企業グループのもとで行うことを前提に買収を実行する場合，その問題をどういう体制でどのように解消していくかの検討が，PMIのDay 1のタスクに加わることになる。

2－4　売手に負担させるべき未知のリスクの洗い出し

　また，現時点では顕在化していないが，買収実行後に顕在化する可能性のあるリスク（未知のリスク）がある場面を洗い出すこともDDの目的の1つである。例えば，買収対象会社の過去の税務上の扱いに疑義があり，後日，税務署から調査を受けて追徴課税されるリスクがあるケースや，製造業を営む買収対象会社の品質管理に問題があり，後日，顧客からのクレームが発生するリスクがあるケースなどにおいては，リスクが顕在化した場合の影響を考慮のうえ，その扱いを検討しておく必要がある。その扱いとしては，想定される影響の程度を勘案のうえ，買収契約締結後・買収実行前にリスクが顕在化した場合には問題解消まで買収実行の義務を負わない旨を買収契約に定めること（3－1－1①参照），リスクが顕在化した場合には買手から売手へ損失補償を求めることができる旨を買収契約に定めること（3－1－2②参照）などが考えられる（また，売手との交渉次第では，リスクが顕在化した場合も買手にて対処を引き受ける結果になることもあり，その場合は，PMIプランの策定にあたってリスク顕在化の場合の対処方針をあらかじめ定めておくこともある）。

2－5　買収実行後のPMIのプラン策定の基礎となる情報の収集

　上述のとおり，以上の一般的なDDは，買収対象会社に伏在するリスクを発見したうえで，発見されたリスクの扱いを定めることを目的として行うものである。これに加えて，DDの段階で，PMIのプラン策定の前提となる情報を買収対象会社から可能な限り入手しておくことで，PMIプランをより有効かつ実行可能なものとすることができる。こうした観点から必要な情報は，買収対象会社の内容と，買手企業グループの体制に応じてさまざまであるが，DDの対

象分野ごとに一般的な例を挙げると次のとおりである。

2−5−1　ビジネス一般

　買収対象会社の選定段階においては，買収対象会社の概括的な情報しか提供されず，DDの段階になってはじめて買収対象会社の事業・経営上のより詳しい情報を入手できることになるのが一般的である。そうした情報を入手し，買手企業グループのM&A戦略に適合しているか否かという事業戦略上の評価をさらに精緻化したうえで，PMIにおけるグループ経営統合に向けたプランの具体化を図る。

　こうした情報入手の方法としては，事業に関する書類の開示を受けてそれをレビューするのに加え，マネジメント・インタビューを活用すべきである。DDにおいては，買収対象会社の経営陣と面談して質問をする機会が買手企業に与えられるのが一般的であり，そうした面談をマネジメント・インタビューと呼ぶ。そこでは，買収対象会社を日々経営する現場の観点からの工夫や悩みといった生の声を経営陣から聞くことができる場合が多い。特に新たな国（地域）・市場へ進出するための買収案件の場合，当該国（地域）・市場に特有のビジネス環境を理解することがPMIを円滑に進めるために重要となる。機会，コスト，生産性，インフラ，労働市場などのビジネス環境は国・市場ごとに大きく異なる。ヒアリングをした日系グローバル企業4社のうちA社も，PMIを見据えて，現場・マーケットで何が起きているのかを調べるようにし，買収対象会社が所在する地域の担当者をDDに関与させているという。買手企業グループにおいてその知見を有しない場合，買収対象会社の経営陣からの情報は貴重である。

　理想としては，事前に得られた情報をもとにPMIプランの草案を作成し，その実効性を検証するための質問を準備してマネジメント・インタビューに臨むべきである。特に買収後も同じ経営陣に買収対象会社を経営させることを予定している場合，PMIプランを買収対象会社の観点から検証し改良するための議論の場としてマネジメント・インタビューを活用できる可能性もある。

2－5－2　会　　計

　一般的な会計DDにおいては，簿外の潜在債務がないか，年金債務等の引当不足がないか，その他，買収対象会社の会計情報の信頼性に問題がないかの検証がなされる。PMIの観点からはこれに加え，買収対象会社を買手企業グループの連結会計に組み込んでいくにあたって必要な作業，およびそれに必要な時間とコストの洗い出しが重要である。特に買手企業が上場企業である場合，買手企業グループにおいて構築されている財務報告に関する内部統制（J-SOX）の体制に買収対象会社を取り込む必要がある。その観点から，現時点で買収対象会社が財務報告についてどのようなシステムおよび人的体制を有しているかの情報を入手すべきである。そのうえで，買収対象会社の体制を買手企業グループの体制に統合していくために必要な作業は何か（情報システムの統合につき2－5－6参照），統合完了までの移行期間において法令上・実務上可能な移行措置が何かを検討し，売手企業グループからの支援が必要であればそれをTSA交渉の俎上に乗せることとなる。

2－5－3　法　　務

　一般的な法務DDにおいて，コンプライアンス・イシュー，change of control条項のある契約（前掲注5参照），許認可その他の法的リスクの分析を行うことは上述のとおりであるが，PMIの観点からはこれらに加え，法務の管理体制をどのように統合していくかのプランニングのための情報入手が必要となる。DDの中で，買収対象会社の法務担当者からのヒアリングの機会が与えられるのであれば，買収対象会社の法務の人的体制や，契約管理，リスク・マネジメントなどの方針についての情報を得ることで，統合にどれだけのコストと時間がかかるかの想定が可能となる。

2－5－4　財　　務

　財務の観点からは，まず買収実行のDay 1において買収対象会社の手元資金の予想について情報を入手する。買収直後においても，取引先への買掛金や従

業員への給与支払など通常の事業上の資金支出が必要になるところ，売手企業グループの財務の仕組みから外れるためにそれができなくなることが予想される場合（買収対象会社の収入に季節変動が大きく，買収実行が売上が落ちる季節に重なるケースや，売手企業グループでキャッシュ・マネジメント・システムを導入しており買収対象会社の余剰資金が売手企業グループに吸い上げられているケースが典型例である），手当てが必要となる。方法としては，買収実行と同時に買手企業グループから，増資または親子会社間貸付の形で資金を注入するのが一般的であるが，買収契約の中で，一定額の運転資金を買収対象会社に残すよう売手に義務づけるケースもある（第5章2−1−2および本章3−1−3参照）。

　さらに，PMIの一環として，資金繰り管理や与信管理，金利・為替管理といったオペレーション面の管理方針の統合，管理会計体制の構築を実現するとともに，買手企業グループのキャッシュ・マネジメント・システムを含む財務上のグループ一体管理体制への統合を行っていくにあたり，買収対象会社の現状の体制（管理方針，人材，システムを含めて）を把握したうえで，買手企業グループの体制に統合するために必要な期間，費用およびリソースを見極めて，その結果をPMIプランの策定（および費用については買収価格への反映の要否の判断）に反映させていくことになる。

2−5−5　人　　事

　買収対象会社の経営陣およびキーとなる幹部従業員について情報の開示を受け，旧経営陣を残留させるか（1−1−1参照），経営陣を入れ替えるか（1−1−2参照）の具体的な判断を行い，残留させる場合にはリテンションの方策と費用の検討（第4章2−3−1参照）を，経営陣を入れ替える場合には買収実行後の体制を検討していく。

　また，買収対象会社の現状の体制について情報の開示を受けて1−2で述べた組織の統合可能性についての分析をより精緻化し，スタンドアローンのケース（1−2−1参照）では余剰人員の再配置ないしレイオフ（解雇）のスケジュールと費用（第4章2−3−3参照）を，カーブアウトのケース（1−2−

2参照）では買収対象会社を事業体として機能させるために買手企業グループ側で手当てを行う方策（追加採用を含めて），スケジュールと費用を分析する。

　買手企業グループに迎え入れる従業員については，①報酬制度・水準，②福利厚生（健康保険，年金など），③雇用・人事管理の体制，④人材育成の体制（第4章2参照）などについての買収対象会社の現状について情報の開示を受けたうえで，買手企業グループへの統合に向け，体制の変更の可否・要否とスケジュール・費用を判断していく。特に幹部従業員の報酬水準については，現地でのリテンションが効き競争力のある報酬体系を維持することが必要であり，現地での報酬水準のベンチマークについての情報を入手したうえで，買収対象会社における既存の報酬水準がこれに合致しているかの検討をすることになるとともに，当該報酬水準が，買手企業グループ全体において合理的なものといえるかについても検討が必要となる。特に現地の報酬水準が本社の報酬水準より高い場合は悩ましいケースもあり，現地の報酬水準が合理的か，市場競争力があるかについての慎重な検討が必要となる（第4章2－1参照）。この点も含め，買収対象会社の従業員と買手企業グループの従業員のそれぞれに対して，買収の意義や買収実行後の事業目標と，そのための組織体制・従業員の配置や人材育成（従業員のキャリアパス）といった点についてどのように伝えていくか（メッセージング）についてもDDの中でプランを描いていくことが必要である。

2－5－6　IT

　国際的なグループ経営において，情報システムの統一的運用は，効率的な事業の運営に欠かせないものとなっている。特に，いわゆる基幹系システム，すなわち業務やサービスの内容に直接かかわるシステムに買収対象会社を早期に確実に取り込むことは，グループ経営を通じたシナジーの追求を実現するための重要なステップとなる。例えば，買手企業グループと買収対象会社の調達・購買業務の統合により，コスト削減のシナジーを追求しようとする場合，購買システムを統合することにより，購買計画の運用，仕入先管理や価格管理，納

期や品質の管理といった購買管理を正確かつ効率的に共同して行うことが有用
となる。近時は，基幹システムを統合したERP[6]システムを導入しているケー
スも多い。そうしたシステムの統合に必要な時間と費用（買収対象会社のシス
テムに保存されているデータの形式を買手企業グループのシステムに移管する作業，
さらにはシステム移行に伴い業務のオペレーションの方法を変更することが必要に
なるケースもある），統合後のITに関する費用（ベンダーから受けるライセンス形
態が買収によって変わる場合に，ライセンス費用が増加する可能性がある）や統合
までの移行期間に生じる業務上のリスクについて，DDの段階で情報を得てこ
れを分析することが，買収案件の費用と効果の分析の一部として必要となる。
また，システムやそこで扱われるデータの違い，現地の業法上の制約その他の
理由から，システムの統合が現実的でない場合には，買手企業グループのシス
テムと買収対象会社のシステムを並存させてシステム間の連携を図ることで，
制約の中で可能な限りシナジーを追求するケースもある。

　基幹システムのうち会計管理システムは，企業経営の根幹をなす会計管理の
正確性・効率性確保の観点で重要であることに加え，２−５−２で述べたとお
り財務報告に関する内部統制を実施するために重要であり，会計システムの統
合についてのDDはITについてのDDの中でも特に重要となる。

　また，顧客管理システムなど，個人情報やその他のセンシティブな情報を扱
うシステムに関しては，買収後に，買収対象会社による情報漏えいが発生した
場合，買手企業グループ全体にとっての法的・社会的リスクを生じさせる可能
性がある。買手企業グループの情報セキュリティの枠組みに買収対象会社のシ
ステムを取り込むために必要な作業を見極める分析も，DDの段階で開始する
ことが望まれる。

6　ERPは，Enterprise Resource Planning（企業リソース・プランニング）の略であり，
　もともとは，企業の有する経営リソース（ヒト・モノ・カネや技術・情報）を統合的に把
　握し，これを適切に分配して，企業グループ全体の最適化を図る経営手法を指す。ITシス
　テムのERPは，そうした経営手法の実現に資する，基幹システムを中心とする統合システ
　ムを指す。

2−5−7　知的財産権

　技術の発展とともに事業活動における知的財産権の重要性はますます高まっており，PMIにおいて，買手企業グループの知的財産権ポートフォリオとそれを生み出し管理する体制と，買収対象会社のそれをスムーズに統合することが，買収後の企業グループの事業運営において極めて重要となるケースが少なくない。

　一般的な知的財産DDにおいては，買収対象会社の保有する知的財産権の内容（付与を受けているライセンス，付与しているライセンスを含む），権利化されない営業秘密やノウハウの内容や管理状況，第三者の知的財産権侵害・第三者からの知的財産権の被侵害の状況，その他知的財産権に関する紛争の状況などについて買収対象会社から情報を取得して分析するとともに，必要に応じ買手企業において独自に，買収対象会社が現在または将来，第三者の知的財産権を侵害することがないかの調査を行う。また，職務発明に関する規程の整備状況や相当利益の支払状況[7]の調査も行う（以上，特許庁「知的財産デュー・デリジェンス標準手順書及び解説」（2018年 3 月）参照。https://www.jpo.go.jp/support/startup/document/index/2017_06_kaisetsu.pdf）。また，売手企業から切り出された一部の事業を買収するいわゆるカーブアウト（1−2−2参照）の場合には，売手企業が保有する知的財産権のうちどれを買収対象に含めるか，また買収対象事業と売手企業に残す事業とが同じ知的財産権やライセンス（クロスライセンスを含む）を共用している場合についてどのように処理するかについても分析の対象となる。

　PMIにおいては，知的財産管理部門の統合と，これに伴う知的財産権戦略・管理体制の統合が必要になる。知的財産管理部門の統合の方法は， 1 − 2 で述

---

[7]　特許法上，契約や内部規程等により，会社の従業員がその職務の中で，会社の業務範囲に属する発明（「職務発明」）をした場合には，当該発明についての権利は会社が取得することをあらかじめ定めることができるが，これにより会社が職務発明についての権利を取得した場合，発明をした従業員は会社から「相当の金銭その他の経済上の利益」（「相当利益」）を受ける権利を持つ（特許法35条。実用新案・意匠にも準用される）。

べた組織の統合の一場面である。買収対象がスタンドアローンのケースとカーブアウトのケースで異なり，また競合製品・サービスを展開する他社を買収するケースと買手企業が持っていない製品・サービスを展開する他社を買収するケース（買収対象会社の知的財産管理部門の得意分野が，前者のケースでは買手企業グループの知的財産管理部門の得意分野と重複し，後者のケースでは重複しない）で異なるが，いずれにせよ，買収対象会社の知的財産管理部門がどのような組織体制を有しているかについての情報をDDの中で入手し，それを踏まえて，買手企業グループの知的財産管理部門とどう統合していくかのPMIプランを描いておく必要がある。また，知的財産戦略（知財ポートフォリオ活用についての戦略，他社に対する権利行使の積極性，他社へのライセンス付与についての戦略，標準化活動への取組みに向けた知財活用の戦略等）や，知的財産権の管理体制（R&D部門による知的財産の創出から権利化までのフロー，権利の出願・登録の管理体制（利用する知的財産管理システムを含む），営業秘密・ノウハウの管理体制，職務発明についての規程とその運用）といった運用面についても，買収対象会社の戦略・体制についての情報を十分入手したうえで，これをどのように買手企業グループの戦略・体制に統合するかをあらかじめ検討することが望ましい。

2－6　デューデリジェンスの限界

　以上のとおり，グループ経営への統合を見据えたDDにおいて，収集すべき情報と行うべき分析の範囲は非常に広い。しかしながら，DDは，次に見るようなさまざまな制約のもとで行わなければならない。買収側が満足するまでDDを行える案件は少なく，DDにより得られる情報にはおのずと限界がある。DDでカバーできなかった領域については，後述のとおり，買収契約の交渉の中で手当てしたり，買収契約締結から買収実行までの間に手当てしたりすることが必要となる。

2－6－1　時間的制約

　M&A案件は，開始から契約締結まで短い期間で実施されることが少なくな

い。特に近時は，プライベート・エクイティ（PE）ファンドが売手・買手として参加する案件が増加している。PEファンドは投資リターンの指標としてIRR（内部収益率）を用いることが多く，投資回収までの期間が遅れることはIRRの低下につながることから，案件実行までの時間を可能な限り短くしようとするのが一般的である。売手がPEファンドである場合はもちろん，それが事業会社である場合も，オークションの形式で企業売却を提案するケースが増えており，買手候補の入札を評価するにあたっては，提案される買収価格に加え，買収実行までに買手が必要とする期間や買収実行に至ることのできる確実性を評価することが多い。こうした環境のもと，買手候補に与えられるDDの期間は，相対で交渉する案件で3～4週間程度しかないことが珍しくなく，オークションの場合はそれより短いケースもある。こうした時間的制約の中で可能な限りでDDを行うことができるにすぎないケースが過半であるといえる。

2－6－2　案件の秘密保持に伴う制約

　M&A案件は，それが検討されていることが買収対象会社の従業員や取引先に漏れれば，予期せぬ反応が生じる可能性が高い。そのため，M&A案件は秘密裏に検討が進められるのが一般的である。そこで，秘密漏えいを防ぐため，売手企業側ないし買収対象会社側においては，案件に関与する従業員を必要最小限に絞り込んだうえで，買手企業側に対しても担当者の人数を絞り込むことを求めるのが通常である。

　買収対象会社側においては，案件に関与する従業員が限定されており，典型的には幹部従業員と経営企画部などのM&A専門チーム担当者に限定されていることが多い。そのため，DDにおいて買手企業側から買収対象会社に関する情報の開示を求めた場合であっても，情報を収集して買手企業側に提供することができないことがある（M&A専門チーム担当者が現場の情報を自ら取り扱っていないことも多い。しかし，M&A案件について知らされていない現場の従業員に情報収集を指示すると，それが通常の業務過程から外れた指示であるがゆえに，M&A案件が進行中であることを現場の従業員に勘づかれ，案件の秘密が保持できない可

能性がある）。かかる制約のために，買手企業側がDDにおいて必要とする情報を入手できないことがある。

　また，買手企業側においても関与する従業員を限定することが売手側から求められることから，DDで開示された情報を評価するにあたり，案件に関与する限られた従業員だけでこれを行わなければならない。案件への関与が認められた従業員の構成次第では，特定の分野につき十分な評価ができない可能性がある。

　買手企業グループと買収対象会社との間で従前より取引関係がある場合や，買手企業グループが買収対象会社を同一市場における競合相手として分析しているため，買収対象会社の事業や経営について買手企業側で知識がある場合には，DDにおいて，買収対象会社から的確に情報を収集したうえで，これを効率的に分析することができ，買収後のグループ経営への統合に向けた準備もスムーズに進めることができる可能性がある。しかし，買手企業側の担当事業部門が買収対象会社について事前の情報を有する場合，当該部門の視点で買収対象会社を評価してしまい，他の部門の観点からの分析がおろそかになるリスクもある。言うまでもなく，グループ経営への統合は部門横断の全社的な作業であり，グループ経営への統合を見据えたDDの観点からは，買収対象会社に接点のあった事業部門の意見を過度に重視せず，全社的な視点での評価を優先することが求められる。

　関連して，３－１－２②で述べるとおり，こうした案件の秘密保持に伴う制約ゆえにDDでは開示されていなかった，買収対象会社の抱える問題点に係る情報が，買収契約交渉の最終盤になってはじめて売手側から提供され，かかる問題点が企業価値評価に影響したり，Day 1からのPMIの実施に支障を生じさせたりすることも稀ではない。買手企業グループとしては，DDの限界を常に意識し，DDで開示されていない情報が出てきた際にも柔軟に対応できるよう体制を整えておく必要がある。

2－6－3　独占禁止法（競争法）からの制約

　日本を含む各国の独占禁止法（競争法）上，市場での競争に悪影響を生じさせるおそれのある一定のM&A取引を行う際，当局の事前許可の取得を義務づけられることがあり，かかる許可を取得する前に，実質的に買収実行・事業統合を開始したとみられる行為をすると違法となる可能性がある。DDにおいて，買収対象会社と買手企業グループの間の市場での競争に影響を与え得る情報（競争機微情報）を買収対象会社から取得することは，そうした許可取得前の事業統合開始とみられる可能性がある。また，買収実行前に競争機微情報を共有することで，談合・カルテルを行ったと嫌疑をかけられる可能性がある[8]。そのため，DDにおける競争機微情報の共有は，売手・買収対象会社側でも買手企業グループ側でも，その機微性に応じて慎重に行う必要がある。具体的には，将来の価格設定の方針や特定顧客への提示予定価格など，競争に直接影響する可能性のある情報については，買手企業グループ側から開示を要請すべきではなく，開示の要請があったとしても売手・買収対象会社側で開示を拒むべきである。また，現在・過去の価格情報や顧客・市場シェアに関する情報など，なお機微性の高い情報については，M&A取引の検討に必要な範囲に限っての共有とし（機微性の高い情報のマスキングを含む），またその情報に触れられる買手企業グループ側の人員を，買収対象会社と競合する買手企業グループ側に関与していない従業員（および外部アドバイザー）に限定する，いわゆるクリーンルームの体制を取ることも多い。この点で，競合企業である買収対象会社に関するDDは制約を受けざるを得ず，競合事業の統合について，買収実行前に行うことのできるPMIの準備には限界がある。

2－6－4　意図的隠蔽の可能性があることによる制約

　DDは，売手側・買手側ともに法的義務を負わない状態で任意になされる作

8　こうした許可取得前・買収実行前の不適切な行為は，「ガン・ジャンピング」（競争競技において号砲前にスタートするフライングの意味）と呼ばれる。

業であり，売手側から強制的に買収対象会社の情報を出させる仕組みではない。
したがって，DDで買手側が求めた情報であって売手側に不利なものを売手側
が意図的に隠蔽した場合や，買手側が買収対象会社からの情報入手を積極的に
行わなかった結果，買手側が求めて売手側が提供した情報に漏れがあった場合
でも，そのことのみをもって売手側に責任を負わせることはできない。情報の
正確性・完全性について売手側に法的責任を負わせるためには，かかる責任の
内容と範囲を買収契約の中で明確に定める必要がある（3－1－2②参照）。

2－7　デューデリジェンスとPMI

　前項で述べた制約がある中でも，DDを，買収実行後のPMIのプラン策定の
基礎となる情報の収集の機会として活用する余地は大きく，この段階で，PMI
プラン策定を意識して情報収集をすることができるかによって，最終的に策定
されるPMIプランの精度は大きく変化する可能性がある。ヒアリングをした日
系グローバル企業4社のうちC社は，DDを開始する頃から統合後のPMIプラ
ンの策定を開始し，事業やオペレーションの統合や，統合後の経営体制を検討
するとのことであり，B社は，DDの終盤頃からPMIプランの策定を開始する
とのことである。また，D社は，買収対象会社の製品を買手企業グループの製
品と統合するのか，買収対象会社の技術を活用するのかなど，PMIにおいて何
をしようとしているのかをまず見定めたうえで，それに応じてDDにおいて検
討する事項を特定している。いずれも，PMIを見据えながらDDを行う事例と
して参考になる。

3 ┃ 買収契約交渉段階

　PMIを見据えて買収対象会社を選定し，DDを行って，買収対象会社の問題
点を含むPMIに向けた課題を絞り込むことができたら，次のステップは，買収
契約その他の関連契約の締結に向けた売手側との交渉である。買収契約は，買
収に伴って生じるさまざまな問題について，買手企業が法的な保護を受けるた

めの手段であることは言うまでもないが，特にPMIを見据えた観点からすると，大別して，(1)買収対象会社が，買手企業グループの想定どおりの状態で買収実行時，すなわちPMIのDay 1を迎えることを実現するための規定と，(2)PMIプランにおいて予定している枠組みの確保を法的に義務づけるための規定がある。

3－1　買収対象会社について想定どおりの状態でDay 1を迎える ための規定

　PMIのDay 1プランは，買収対象会社が，問題を抱えることなく正常に事業を行っている状態で買手企業グループに加わることを想定するのが一般的である。買収を実行してみて，想定外の問題を買収対象会社が抱えていることが判明した場合には，その問題を解消するところからPMIを開始せざるを得ないこととなり，PMIの進捗に悪影響を与える可能性が高い。そこで，(1)DDの過程で判明した買収対象会社の問題点については，買収実行までに売手の責任で問題解消措置を取ってもらっておくか，それが現実的ではないケースについては，買収実行後に買手企業グループ側で問題を解消するための道筋をつけておいたうえで，その費用について適切に負担する方法を売手との間で合意することが必要となる。また，(2)買手企業グループにおいて（多くの場合，売手側においても）把握していない未知の問題については，それが判明した場合にどのように扱うか（金銭での解決方法のほか，買収実行時前に判明した場合は買収実行の延期・中止を含む）についてあらかじめ合意しておく必要がある。

3－1－1　デューデリジェンスで発見された問題の解消のための規定

　買収対象会社が問題を抱えていることがDDにおいて発覚した場合のうち，買収実施の可否にかかわる問題点（ディールブレーカー）が発見されてしまった場合（前記2－1）は買収を断念することになるが，そうではない場合（上記2－2および2－3）には，その問題が解消されない限り買収実行は適切でないが，これが解消されれば買収をしたいというケースがある。例えば，買収対象会社とその重要顧客の間の契約において，買収対象会社をコントロールす

る株主が変わった場合に顧客側から契約を解約する権利が定められており，そのままでは重要顧客への売上が失われてしまう可能性がある場合，契約を解約する権利を行使しない旨の確約が当該重要顧客から買収実行前に得られれば，問題は解消され買収実行に進めることになる。このように，買収実行の時点で問題が解決されていることを確保するための方策として，買収契約において次のような条項が置かれることが多い。

①　買収実行条件・誓約

　買収契約上の売手の義務（買収代金を支払い買収を実行する）が発生するのは，問題解消措置の完了を条件とする旨の規定（買収実行条件条項[9]）を置いたうえで，買収実行実現に向けて買収対象会社に問題解消措置を取らせることを義務づける条項（誓約条項[10]）を置くことが多い。これにより，買手としては，売手が積極的に問題解消措置を取ることが期待でき，問題解消措置が完了してはじめて買収実行をすることができる。売手が問題解消措置を取る義務を果たさない場合には，買収実行を拒否できることはもちろん，売手に対して義務違反に基づく損害賠償請求を行うこともでき，また，長期にわたって買収実行条件が成就せず買収実行がなされない場合には買収契約を解除できるという条項が置かれることが一般的であることから，長い期間にわたり問題解消措置が完了せず買収実行条件不成就であることを理由に買収契約を解除する余地もある。

9　英米法の契約でConditions Precedentと呼ばれ，日本においてもこれを略して「CP」と呼んだり，これを直訳して「前提条件」と呼ぶこともある。なお，契約実行条件の機能は，DDで発見される問題への対処のみではない。独占禁止法や外為法に基づき売手が買収前に履践しなければならない手続の完了を買収実行条件とすること，また後記3－1－2のとおり，買手企業が想定した買収対象会社を買収できるようにするための方策（買収実行までに，買収対象会社に想定外の事態が生じた場合には買収実行を中止する方策）としても買収実行条件を活用する。

10　英米法の契約のCovenantsをいわば直訳したもの。買収に付随して義務を負担する条項をこのように呼ぶことが多い。売手・買収対象会社限りで問題解消措置を完了することができない場合（例えば，買収対象会社が取得すべき許認可を取得しておらず，問題解消措置として許認可取得が必要となるが，当局の判断により許認可が得られない可能性がある場合）には，問題解消措置を完了するよう努力する義務にとどめられることもある。

　DDで発見される問題であって，この方策により買収前に解消を実現することが適切なものは幅広い。法律上必要であるにもかかわらずなされていない届出の実施，財務諸表や内部規則の不備の改善，未払いとなっていた時間外手当の従業員への支払，実務上必要な保険への加入など，多岐にわたる問題をこの方策で対処することが可能である[11]。上述の，重要顧客等との間の契約にchange of control条項（前記2－2および前掲注5参照）がある場合の問題についても，契約相手方から買収実行への同意（change of control条項に基づく契約解除をしないことの確約）を取ることを買収実行条件とすることで対処が可能である。

②　特別補償[12]

　DDで発見される問題であって，解消措置に長い時間がかかることが見込まれるものについては，前項で述べたとおり問題解消措置完了を買収実行条件として条件成就まで買収実行を延期することでの対処が現実的ではないこともある。この場合，問題解消措置が完了しない段階で買収を実行し，その後に問題解消措置を完了してその費用を売手負担として対処する方策もある。問題解消措置完了までの費用が確定しているか，これを確実に見積ることができる場合には，当該費用相当額を買収代金から差し引くことで実質的に費用を売手負担とすることができる。しかし，問題解消措置完了までの費用を見積ることが難しい場合には，買収実行時に費用見込額を買収代金から差し引くという対応では，費用の上振れ（買手に不利）・下振れ（売手に不利）のリスクが生じる。こ

11　もっとも，売手側からすると，買収実行条件が多くなると（特に売手・買収対象会社限りで完了できない問題解消措置を買収実行条件とされると），買収が実行されて代金を受領できる時期が不確定になり，最悪の場合，買収契約を解除されて代金を受領できないリスクを負うことから，買収実行条件はできるだけ限定し問題解消措置が必要な事項については可能な限り買収後に対処するよう買手に求めるのが一般的である。

12　英米法の契約でのspecial indemnityの直訳である。表明保証（3－1－2②）への違反や誓約（前掲注11参照）違反に基づく損失の補償が一般的に規定されるところ，これに加えて，特別な事情に対処するためにケース・バイ・ケースで合意される補償条項となることから特別補償と呼ばれている。

うした場合，買収実行後に問題解消措置を取り，問題解消措置が完了して費用
の金額が確定した時点で，売手が買手企業に対してこれを補償する旨の規定が
置かれることでの対応が考えられる[13]。この場合，買手企業傘下に入った買収
対象会社が売手の負担のもとで問題解消措置を行うこととなることから，費用
を負担しない買手企業側が必要以上の問題解消措置を取り，必要以上の費用の
負担を売手に求める可能性がある。そこで売手としては，買収契約の中で，必
要最小限の措置が取られるよう問題解消措置の内容に売手が介入・監視する仕
組みを規定するよう求めたり，必要以上の費用については売手の補償の対象と
ならない旨の規定を置くよう求めたりすることがある。

３−１−２　デューデリジェンス・買収契約時に想定されなかった問題に対処するための規定

　買手企業が慎重にDDを行ったとしても，上記２−６のとおりDDには限界
があり，買手企業が把握できていない問題を買収対象会社が抱えている可能性
は否定できない。売手側がそうした問題を意図的に隠蔽しているケースもある
が（上記２−６−４），売手側の案件担当チームにおいてもそうした問題を把握
できていないケースもある（上記２−６−２）。買手企業としては，買収対象会
社についてのこうした隠れた問題を買収契約交渉の中で「あぶり出す」べく売
手側に働きかけ，買収対象会社について想定どおりの状態でDay 1を迎えられ
る可能性を高める必要がある。また，DD・買収契約締結の時点では発生して
いなかった問題が，買収契約締結後・買収実行前に発生することもある。買手
企業としては，そうした問題が発生した状態で買収実行を余儀なくされるとし
たら，買収対象会社について想定した状態でDay 1を迎えることができず，
PMIプランもDay 1から修正が必要となってしまう。そこで，このように，買

13　補償の支払の原資を確保するため，買収実行時に売買代金の一部について一定期間，売
　手への支払を留保したり，これを銀行の預り金口座に入金し，補償支払に充てたりする
　（余りが出た場合にはこれを売手に支払い，不足が生じれば売手から買手企業に追加の支
　払をする）という方策を取ることもある。

収契約時点で買手企業が（場合によっては売手側も）想定していなかった問題が後から判明した事態に対処するための方策をあらかじめ買収契約に定めておく必要がある。そうした方策として次のものが挙げられる。

①　「MAC」条項

　米国の買収契約においては，買収対象会社の事業，資産，負債，資本，財政その他の状態または事業運営の結果について重大な悪影響のある事象（「重大な悪化」＝Material Adverse Change，頭文字を取ってMACと呼ばれる）が発生した場合，買手は買収実行を拒むことができるものとする規定（MAC条項と呼ばれる）を置くことが多く，日本法に則った買収契約にも同様の規定を置くことが多くなってきている。規定の仕方としては，MACが発生していないことを買収実行条件（上記3－1－1①）とするものと，直前年度末時点での財務諸表の内容が正確である旨の売手の表明保証（後述②）を前提に，直前年度末以降にMACが発生していないことを売手に表明保証させ，その表明保証が買収実行時点でもなお正しいことを買収実行条件とするもの，およびこれらを併用するものがある。いずれの方策によっても，買収対象会社にMACが発生していれば買収実行条件を充足しないこととなり，買手は買収代金を支払って買収を実行する義務から解放される。これにより，買収対象会社について想定した状態でDay 1を迎えることができず，PMIプランもDay 1から修正が必要となるといった事態を避けることができる。

　もっとも，MAC条項は，将来起こるかもしれない問題を広範にカバーするため抽象的に規定されることが多く，どういう事象がMAC＝「重大な悪化」に該当するといえるかは明らかではなく，MAC条項の「母国」である米国でもこの点が裁判で争われたケースは必ずしも多くない。2021年に米国デラウェア州裁判所が下した判決[14]では，MACに該当するのは「相当期間にわたり買

14　2001年デラウェア州衡平法裁判所のIBP社 対 Tyson Foods, Inc.社事件判決（Atlantic Reporter第2集14巻789ページ（789 A.2d 14（Del. Ch. 2001）.））。

収対象会社の収益全体に相当な脅威を与える，買手が認識していない事実」に限られるとされ，特定の事象がこれに該当することは，買収実行条件不充足を主張する買手側が証明しなければならないとされるなど，MAC条項の適用を限定する傾向にある。日本においてMAC条項の適用が争われることとなった際に，日本の裁判所がどのような判断をするかは未知数である[15]。

　実務上は，MACの内容や影響の度合いにもよるが，MAC条項は買収を完全に中止するために利用されることは少なく，いったん買収実行を保留としたうえでMACを前提に買収価格その他の買収条件を再交渉するために用いられることが少なくないといわれる。DDを経て買収契約の交渉・締結に至った案件では，買収実行に向けて買手側ですでに多くの労力と費用をかけてきていることが多く，買収を中止してそうした労力と費用を無駄にするより，再交渉によりMACの影響を反映した買収条件に合意したうえで買収を実行することのほうが合理的であるケースが多いためである。

②　表明保証条項

　買収対象会社の抱えている問題がDDで発見された場合は，前記3－1－1のとおり買収実行条件や特別補償による手当てをしたうえで買収を実行する。そうした手当てをしていない点については，買収対象会社に問題がないことを買手として想定することになる。しかし，買収契約締結後・買収実行前の段階で，または買収実行後に想定していなかった問題を買収対象会社が抱えていることが発覚したり，想定していなかった問題が新たに発生したりする可能性がある。このように，買収契約締結時点で想定されていなかった未知の問題については，表明保証条項により対応するのが一般的である。

15　MACが発生していないという表明保証への違反を理由とする株式譲渡契約の解除を行うことができるかが争われた（買収実行条件の充足が争われたものではない）事案としては，東京地判平成22年3月8日判時2089号143頁がある。買手は，買収対象会社の営業利益が事業計画を大幅に下回ったことや，保有する土地の価格が下落したことなどを理由に表明保証違反が成立すると争ったが，裁判所は買手の主張を否定した。

　表明保証条項においては，売手が買手に対して，買収対象会社の財務や事業の状態を表明しこれを保証する[16]。買手としては，売手が表明保証したとおりの状態にある買収対象会社を想定して買収を行うことになる。買収対象会社の財務や事業の状態として表明保証の対象となる事項の範囲は，案件ごとに大きく異なるが，買手の交渉力が強い案件においては幅広い事項について表明保証がなされる。大別すると，買収対象会社の存在と株式発行状況，財務・税務の状況，従業員や労働関係の状況，保有する事業用資産の状況，主要契約の状況，法令遵守・許認可および紛争の状況などが表明保証の対象となる。このように買収対象会社のさまざまな側面について，買手が想定している状況を買収契約のなかで定め，想定されていない問題についての対処の方法を定めることになる。

　表明保証された買収対象会社の状況と，実際の買収対象会社の状況が異なる事態を表明保証の違反と呼ぶ。表明保証違反が判明した場合の対処として，(i)表明保証が買収実行時点においても真実かつ正確であることを買収実行条件としたうえで[17]，(ii)表明保証違反に起因して買手企業に生じた損害を，一定の範囲で売手が補償する旨を買収契約に定めるのが一般的である。買手企業としては，(i)の買収実行条件を定めることにより，買収契約締結後・買収実行前に表

16　買収対象会社の財務・事業の状態に加え，売手に関する事項（買収契約の拘束力，買収契約締結に必要な社内手続の履践，買収対象会社の株式の処分権の存在など）についても表明保証がなされるが，未知の問題への対処という観点から重要なのは，買収対象会社の状態についての表明保証である。

17　売手の観点からすると，買収契約締結時点から買収実行時点までの間に買収対象会社に新たに発生する問題については，売手においてコントロールできないことも少なくなく，「表明保証が買収実行時点においても真実かつ正確である」ことを買収実行条件とされてしまうと，買収が実行され代金が支払われることの確実性が大きく下がってしまう。そこで，売手としては，「表明保証が買収実行時点においても『重要な点において』真実かつ正確である」として重要ならざる表明保証違反を根拠に買手企業が買収実行を拒めないようにすることを求めたり，さらには「表明保証が買収実行時点においても真実かつ正確である『（ただし，表明保証の不正確さにより買収対象会社の事業，資産，負債，資本，財政その他の状態または事業運営の結果について重大な悪影響が生じない場合を除く。）』」として，表明保証違反によりMACが発生したといえる場合を除いて買手企業が買収実行を拒めないようにするよう求めたりする。

明保証違反が判明した場合には，①記載のMACの場合と同様，買収実行中止・再交渉が可能となる。また，買収を実行した後に表明保証違反が判明した場合，(ii)の補償により損害を回復することができる[18]。

　もっともPMIの観点からは，買手企業の想定した状態で買収対象会社がDay 1を開始することが肝要であり，表明保証違反の状態（すなわち買手企業が想定したのと異なる状態）でDay 1を迎えざるを得なかったことによるPMIの遅れや軌道修正によるデメリットは，表明保証違反に基づく金銭的な補償で回復できるとは限らない。実務的により重要なのは，表明保証条項の交渉過程で，買収対象会社の問題点が「あぶり出される」ことが少なくない点である。表明保証条項は，買収契約締結時点で判明している買収対象会社の問題点について売手に責任を負わせることを目的としておらず（前記3－1－1記載のとおり，既知の問題点は買収実行条件や特別補償の条項で対処する），そうした問題点については表明保証条項の対象外であることを買収契約に明記する。例えば，「買収対象会社に対して訴訟が提起されていない」という表明保証の例外として，現に提起されている訴訟を特定して買収契約に定めることがある[19]。表明保証された内容が事実と異なっている場合，売手の法的責任に直結し得ることから，売手としては表明保証の対象外とすべき事項がないか慎重に買収対象会社に確認を求めることになる。その過程で，DDでの買手企業からの質問への回答の際に，重要性・関連性が低いことなどを理由に回答に含められていなかった情報や，DD質問対応を行った担当者限りでは知らなかった情報が売手から買手企業に提供されることが少なくない。こうして「あぶり出された」買収対象会社

18　売手の観点からは，買収契約締結時点から買収実行時点までの間に買収対象会社に新たに発生する問題については，これを買収実行前に買手企業に通知し，それにもかかわらず買手企業が買収実行を選択した場合には，補償義務を負わないものとすることを提案することがある。表明保証違反条項は，売手・買手企業いずれもコントロールできない事象（未知のリスクにつき2－4参照）について，売手と買手企業のいずれがリスクを取るかについての取決め（リスク・アロケーション）をするという側面があり，上記提案はそうしたリスク・アロケーションの1つの形態である。

19　こうした表明保証対象外の事項のリストは，買収契約に別紙として添付されることが多く，そうした別紙を「開示別紙（disclosure schedule）」と呼ぶ。

の問題点については，表明保証条項の対象外となることから，買手企業として
は特別補償などの対処を要求するかを検討しなければならず，またPMIの観点
からもDay 1プランの修正の要否を検討する必要がある。買収契約交渉の中で，
表明保証条項については激しい交渉がなされることが多く，交渉が最終段階ま
で長引くことも多い。表明保証条項の内容が固まった段階ではじめて，対象外
とすべき事項の有無の確認を売手側にて行うことも多く，そうなると対象外事
項のリストが売手側から買手企業に提供されるのは，買収契約交渉の最終盤と
なる。買手企業としては，こうしたスケジュールを念頭に置いて，対象外事項
のリストの提供を受け次第，その評価と対応を迅速に行うことができるようあ
らかじめ準備しておくことが必要である。

　なお，売手としては，表明保証の対象外とする事項を特定するのではなく
「DDで買手企業に開示した事項はすべて表明保証の対象外とする」ことを提案
することもある。しかし，DDで提供される情報は，表明保証の内容に即して
整理されて提供されるとは限らず，また情報が口頭で開示されることもある。
買収対象会社についての特定の問題点が，DDの中で買手企業に開示されたか
否か，一定の情報が開示されたとして買収対象会社についての当該問題点の開
示として十分だったといえるかといった点が後に争いになる可能性があり，買
手としては，かかる提案については慎重な対応が必要である。関連して，売手
としては，表明保証違反があることを買手が知っていた場合には補償の対象外
とすることを提案することもあり，裁判例上も，表明保証違反があることを買
手が知っていた場合についての売手の責任の有無の定めが買収契約に置かれて
いなかったケースにつき，買手が認識することができた表明保証違反について
売手の責任を認めないとの基準を示したものがある[20]。しかし表明保証条項は，
Day 1において買収対象会社が売手が表明保証したとおりの状態にあることを
買手に想定させる機能を有することからすると，想定外の事象については，こ

20　東京地判平成18年1月18日判時1920号136頁，東京地判平成23年4月15日金法2021号71
　　頁。

れを買手企業（側の特定の担当者）が知り得たか否かにかかわらず，売手に表明保証違反の責任を負わせることが合理的とも考えられ，その旨の明確な規定を買収契約に置くことを買手が求めることも多い。

3－1－3　Day 1についての財務上の規定

　買収実行と同時に，買収対象会社は売手企業グループから離脱し，買手企業グループに加入することとなり，この異動が買収対象会社の財務状況に大きな影響を及ぼす可能性がある。PMIの観点からは，買収実行直後に買収対象会社が資金ショートを起こすことなどがあってはならず，財務面で，買収対象会社について想定どおりの状態でDay 1を迎えることを確保する規定も買収契約に盛り込まれることになる。

①　買収価格条項

　前提として，買収対象会社の株式譲受による買収契約における買収価格の条項について簡単に述べる。

　買収対象会社の価値評価にはさまざまな手法があるが，一般的に使用される手法の１つが，買収対象会社により将来生み出されることが想定されるキャッシュ・フローについて，キャッシュ・フロー発生までの時間を考慮してその現在価値に換算（割引）して得られた金額を見る手法がある（Discounted Cash Flow＝DCF法）。ここでは，買収対象会社が将来生む収益のみを考慮しており，買収実行時点で買収対象会社が保有している現預金および借入金を考慮していない[21]。そこで，株式の買収価格は，企業価値評価額に買収実行時点で買収対象会社が保有している現預金の金額を加算し，買収対象会社が借り入れている借入金の金額を減算することで調整された金額となる。例えば，企業価値評価100の買収対象会社が買収実行時点で20の現預金を有し30の借入金があったと

21　こうした企業価値評価を，現預金・借入金を考慮しないという趣旨で「キャッシュ・フリー・デットフリー」の評価と呼ぶ。

すると，株式買収価格は100＋20－30＝90となる。もっともこうした調整は，買収の経済性に影響するものではない。(i)買収対象会社の株式の譲受代金として90支払ったうえ，現預金20と借入金30（＝差し引きしたネットの借入金10）を買手企業グループで引き受けることと，(ii)現預金・借入金のない状態の買収対象会社の株式の譲受代金として100を支払うことは経済的に同等である。

　株式譲受の代金支払時期は原則として買収実行時であるが，前掲注13記載のとおり，表明保証違反に対する補償や特別補償の支払の原資を確保するため，買収実行時に売買代金の一部について一定期間，売手への支払を留保したり，これを銀行の預り金口座に入金して補償支払の原資としたりすることがある。また，前記1－1－1にも記載のとおり，買収実行後の一定期間の，買収対象会社の業績等に連動した追加代金を後日支払う手法（アーンアウト）が取られることもある。

② Day 1の資金手当て

■買収対象会社の保有資金

　①で述べたとおり，M&Aの原則形は，買収対象会社の将来の収益力に着目するものであり，買収対象会社が保有する現預金の取得は買収の目的ではない。買収契約締結時点で買収対象会社が余剰資金を保有している場合，買収実行までの間に配当などの形で資金を買収対象会社から売手が吸い上げる措置が取られることもある。また，売手企業グループにおいてキャッシュ・マネジメント・システム（グループ親会社やグループ内金融会社が日次で，グループ内各法人の口座に資金があればそれを吸い上げ，資金不足の場合は資金を供給する。第5章2－2－4参照）が用いられている場合，買収実行時点で買収対象会社の口座には全く資金がない可能性がある。その場合，そのままでは買収実行直後の買掛金や従業員の賃金の支払などに支障をきたすことから，資金手当てが必要となる。当座必要となる運転資金を，買収実行日当日に，買手企業グループから買収対象会社に送金をすることができれば最もシンプルであるが，買収対象会社の所在国に買手企業グループ会社がない場合は国際送金が必要となる。国際

送金は，時差の関係や手続の煩雑さのため，買収実行日当日に完了しないのが通常である。そうした場合には，当座必要となる運転資金を買収対象会社が保有した状態とするよう取り計らう義務を売手に課すことがある（この場合，①で述べた買収価格の調整により，保有される運転資金相当額が買収価格に加算されるので，売手にとって経済的なマイナスはない）。こうした義務も買収契約の中で規定することになるのであり，財務面でのDay 1のプランニングもまた，買収契約交渉時点で行っておく必要がある。

■既存銀行借入れの扱い

買収対象会社が，金融機関から借入れをしているケースも少なくない（運転資金や設備投資資金を借り入れている場合のほか，以前の買収において買手企業が買収資金を借り入れたうえで，返済義務を買収対象会社に承継させている場合（3－3参照）がある）。多くの企業がファイナンスについてはグループ全体を一体管理しており（第5章2－2－4参照），この観点からすると，買手企業グループが取引関係にある金融機関からの借入れを原資に既存借入れの返済をする（リファイナンス）ことが合理的な場合が多い。また，借入契約には，買収対象会社の財務・事業の方針の決定をコントロールする株主が変わった場合に金融機関側から借入契約を解約し借入金の即時一括返済を求める権利を定める条項が置かれていることが多い（change of control条項につき（前記2－2および前掲注5参照）。こうした条項がある場合，原則として買収実行時に既存借入れの返済が必要となる。

DDの段階では，買収対象会社が締結している借入契約を精査し，change of control条項の有無や，期限前弁済に関する規定（特に期限前弁済に違約金を科す条項[22]の有無）を確認する。そして，買収契約が締結され買収実行準備を開始した段階で，買収対象会社から金融機関に対して買収実行日付けでの期限前弁済の意向を通知する。すると欧米では，金融機関から，何月何日付けに期限前弁済を行う場合，元本いくら，経過利息いくら，費用いくらの支払が必要であり，これらが支払われれば借入完済となる旨の書面（ペイオフレターと呼ばれ

る）が出状されるのが一般的であり，これにより買収実行日に金融機関に支払うべき金額が確定することになる。

　買収実行日当日の支払は，買手企業の資金を用いて行うのが一般的である。とはいえ，①記載の価格調整による限り，買収対象会社の借入金相当額だけ株式譲受代金が減算されるので，買収対象会社が借入れをしていない場合に比して，買手企業の経済的負担が増すわけではない。例えば，①記載の「企業価値評価100の買収対象会社が，買収実行時点で20の現預金を有し30の借入金があったとすると，株式買収価格は$100＋20－30＝90$となる」の例によると，買手企業は，株式買収価格90を売手に，借入金30を金融機関に支払い，企業価値評価100の買収対象会社と20の現預金を取得することとなる。買手企業による，買収対象会社の借入金の支払は，立替払いということとなり，買手企業は買収対象会社に対して立替金の返還を請求する権利を取得する。これを関係会社間貸付として維持するべきか，買手企業が立替金の返還に代えて買収対象会社の株式を取得したものと扱うべきかは，会計および現地税法を含めた税務上の検討次第となる[23]。

　もっとも，資金調達コストや税務上の理由で，既存借入れを残すという選択をすることもある（第5章2－1－2参照）。また，第三者との関係で既存借入れの解約ができないケースがある。例えば，許認可取得のために営業保証金を監督官庁に預託することが求められる場合に，営業保証金預託に代えて銀行発行の信用状（Letter of Credit ＝ L/C）や保証書を監督官庁に差し入れることがある。こうした信用状・保証書の差入れを買収対象会社が行っている場合，既

22　変動利率による借入れを利払日より前に弁済する場合，弁済された借入金を金融機関が，弁済日から次回の利払日まで再運用することになるところ，これにより金融機関に生じる損失（基準金利による利息と再運用利率による利息の差額。ブレークファンディングコストと呼ばれる）を金融機関が借入人に請求するのが一般的である。これに加えて，期限前弁済を行う借入金の元本残高に一定の料率を乗じた金額の違約金（プリペイメントペナルティ）を請求される場合がある。この2つを合わせて「期限前弁済費用」と呼ぶこともある。

23　税法上，親会社から提供した資金の一定割合を，貸付けではなく出資（株式）とすることを実質的に求められる場合が少なくない（いわゆる過小資本税制）。

存借入れの返済に加えて，営業保証金の現金ないし他の銀行から発行された信用状・保証書を預託することにより既存信用状・保証書を回収してはじめて既存借入契約を解約することができる。しかし，官庁の手続は柔軟に進まないことが多く，買収実行日付けで既存信用状・保証書を回収したうえで既存借入契約を解約するのは現実的ではない。こうした場合には既存借入契約を維持したまま，買収実行後に信用状・保証書の差し替えの作業を行っていくこととなる。

　維持しなければならない既存借入契約にchange of control条項がある場合には，買収が実行されてもchange of control条項を発動しない旨の承諾を銀行から取得する必要がある。この承諾が得られないまま買収実行をすることはできないことから，前記３－１－１記載のとおり銀行から承諾を取得することを買収実行条件として買収契約に規定したうえで，買収契約締結後に，承諾取得に向けて銀行と交渉を行うことになる。その際，銀行から，承諾付与の条件として既存借入契約にはない制約を課すことを求められることがある。例えば，買収実行後に買手企業グループから買収対象会社（借入人）に資金注入を行う場合は，出資や劣後ローンなど，銀行借入れに劣後する形での資金注入とすることを義務づけられることがある。

３－２　PMIプランの枠組み確保のための規定

３－２－１　経営陣関連条項

　１－１で述べたとおり，買収対象会社の経営陣をどのように買手企業グループに統合していくかは，買収対象会社選定の段階からの検討対象となる課題であり，検討結果を反映した規定を買収関連契約に落とし込むことになる。①旧経営陣を残すケースと②経営陣を入れ替えるケースとで必要な措置が異なる。

①　旧経営陣を残すケース

　旧経営陣を残すケース（１－１－１参照）では，経営陣と買手企業グループの間で，買収実行後の買手企業グループ傘下での勤務条件を定めた任用契約[24]について交渉しこれを締結することが必要になる。任用契約で定められる主要

事項は，経営陣の報酬（基本報酬および経営陣リテンションのための長期インセンティブ報酬。第4章2－3－1および6－1－1参照），権限委譲（第4章1－3参照），任期，正当理由のない解職時に支払われる手当て，競合他社への転籍禁止などである。買収契約との関係では，買収契約締結までに任用契約を締結するのが理想ではあるが，売手との間での買収契約交渉と並行して旧経営陣との任用契約交渉を行うのは時間の面でもリソースの面でも容易ではないことから，買収契約において，任用契約が締結されることを買収実行条件と定めたうえで，買収契約締結後に旧経営陣との間で任用契約交渉を開始することもある。

② 　経営陣を入れ替えるケース

経営陣を入れ替えるケース（1－1－2参照）では，旧経営陣の辞任ないし解任を買収実行条件とすることとなる。買手企業の意向による経営陣の解職は，既存の任用契約上，正当理由のない解職に該当し買収対象会社に退職金支払義務が発生することが多い。その場合，買収契約上，退職金は，買収に伴って発生する費用として売手負担とする（買収代金から差し引く）のが一般的である。また，退任させる経営陣に代わる新しい経営体制を，買収対象会社の幹部従業員に担わせる（内部昇格）ことを想定して買収を実行する場合，かかる内部昇格予定者との間で任用契約が締結されることを買収実行条件とすることもある。

3－2－2　従業員関連条項

買収契約において，買収実行後の従業員の処遇についての定めが置かれることがある。1－2で述べたとおり，組織の統合に際しては余剰人員が発生したり人員の空白が発生したりすることがあり，PMIの中で対処が必要となる。そこで，買収契約中の従業員の処遇についての定めがPMIプランと整合していることを確認する必要がある。

24　経営陣の任用契約の法的性質は現地法により異なる。例えば，日本においては役員任用契約は雇用契約ではなく委任契約と扱われるが，米国においてはCEOその他の幹部経営陣との契約も雇用契約（employment agreement）とされる。

　従業員の処遇についての定めとして売手が提案することが多いのが，買収実行後の一定期間，従業員の雇用と賃金その他の労働条件を維持することを買手企業に義務づける規定である。こうした規定に合意すると，買収実行後の余剰人員の整理や，買手企業グループ従業員と買収対象会社従業員の労働条件の統合作業（第4章2−1も参照）の障害となる可能性があることから，合意に先立ちPMIプラン実行の妨げにならないかを確認しなければならない。

　逆に，買収実行に際して従業員の離脱が懸念される場合には，買手企業側から，一定割合以上の従業員が買収実行後の継続雇用に同意したこと[25]を買収実行条件としたり，そうした同意を取得することを売手に義務づける誓約条項を提案したりすることがある。しかし，従業員の同意が得られるかどうかは買手企業が提案する買収実行後の労働条件次第という面もあり，売手としては，かかる買収実行条件の受諾には難色を示し，同意取得義務は努力義務にとどめるよう求めることが多い。

3−2−3　移行サービス契約（Transition Service Agreement）

　1−2−2で述べたとおり，複数事業を経営する売手が単一事業，特に非中核的事業のみを売却するカーブアウトのケースでは，複数事業間で共有されている総務，法務，人事といったスタッフ部門は売却・買収対象に含まれないのが一般的である。その結果，買収対象事業は，単体では企業として機能しない状態で買手企業グループに移ってくることとなる。そこで，買収後にも買収対象事業を事業体として機能させるために手当てが必要であり，買収実行と同時に買手企業グループ内でそうした手当てができない場合，買手企業グループ側での準備が整うまでの一定期間，移行措置として，売手企業グループにおいて，

25　買収対象会社を取得する株式譲渡の場合は，買収対象会社と従業員の間の雇用関係は維持されたまま従業員が買手企業グループの傘下に入ることになり，従業員の大量離脱の懸念が問題となることは多くない。これに対し，事業譲渡の場合は，現地の法制にもよるが，買手企業の従業員となることを従業員それぞれが承諾してはじめて買手企業グループの傘下に入ることになる。従業員維持に関する買収実行条件がなければ，従業員ゼロの状態で買収した事業の統合を開始しなければならなくなる可能性もある。

買収対象事業が売手企業グループに属していた買収前と同じ扱いを続けてもらう必要があり，買手企業は，買収契約交渉の一部として，そうした移行措置の範囲，期間および費用について売手と合意する必要がある。移行措置についての合意は，その内容がシンプルである場合には買収契約の中に規定されることもあるが，複雑な内容となる場合や，売手企業グループの中の別法人を当事者とする場合は，別契約（Transition Service Agreement（TSA））を締結することとなる。別契約とする場合も買収契約締結と同時にこれを締結するのが理想ではあるが，必要な移行措置の範囲や期間は，現場の担当者の意見を聴取して定めることが必要である場合が多く，買収契約が締結されて売手企業グループ内で買収が公表されてからでないとTSAの内容を確定できないことも多い。その場合，買収契約において，TSAが締結されることを買収実行条件と定めたうえで，買収契約締結後にTSA交渉を行うこととなる。

　TSAの対象としてよくみられる移行措置には次のようなものがある[26]。

- 買収対象会社の社名や製品に含まれる売手の社名・商標・ロゴの使用継続の許容（例えば，売手のロゴが入った買収対象会社の商品を，買収対象会社が買収実行後も販売することを認める）
- 売手企業グループの法人と買収対象会社が同一の仕入元から共同仕入れを行っていた場合の共同仕入れの継続（買収対象会社の依頼に応じて売手企業グループの法人にて仕入れを行い，売手企業グループの法人から買収対象会社に転売するなどの形態を取る）
- 売手企業グループの法人が買収対象会社の販売代理店として機能してきた場合の販売代理継続
- 売手企業グループの法人から買収対象会社への従業員の出向継続
- 給与計算，社会保険関連手続その他の人事機能の提供（売手の人事部門が買収実行後も買収対象会社の人事関連の作業を行う）

26　買収対象事業が，売手企業グループに残る部門とより密接な事業上の関係を有する場合（例えば，買収対象事業の製品の材料を売手企業グループが製造している場合など）には，短期の移行措置についての契約では足りず，長期の事業契約（上の例では材料供給契約）を，買収契約締結ないし買収実行と同時に売手企業グループと締結する必要がある。

- 売手が保有する会計システム・ERPなどITシステムの買収対象会社による継続使用の許容とITサポートの提供
- 売手が保有し買収対象会社が使用してきた不動産の賃貸継続（オフィス・倉庫などを買収対象会社が継続使用することを認める）

　また，買手企業グループへの転籍についての従業員の同意が必要になる形態での買収（前掲注25参照）において，買収対象事業の継続運営に必要な従業員から同意が得られずそうした従業員が売手企業に残る場合，そうした従業員を一定期間，売手企業から買手企業に出向させて従前と同じ仕事を行わせることで買収対象事業の継続運営を維持するという方策が取られることもある。

　TSAに基づく役務の提供は，原則として無償で行われ，買手企業は売手による役務提供に必要な実費だけ負担する（コストベース）。これは，買収価格算定の基礎となる企業価値評価は，買収対象事業が従前どおり機能することを前提としたものであり，買収対象事業が従前どおり機能するようになるまでの売手の作業の対価は，買収価格に含まれているという考え方に基づくものである。もっとも税務上の理由により，買手企業から売手に対して必要最低限の対価を支払うこともある。

3－3　買収ファイナンス契約

　買収契約に直接関連するものではないが，売手との買収契約交渉と並行して買手企業が交渉を行う契約であって，PMIに影響を及ぼすものとして，買収ファイナンスに係る契約についても本章で触れておくことにする。

　買収の原資は，買手企業グループの手元資金ないし買手企業グループとして確保する借入枠に基づく借入金（コーポレートローン）のみを用いることもあるが，買収対象会社の価値を担保として，金融機関からの借入れ（買収ファイナンス）を行って借入金を原資に加えることがある。これにより，自己資金のみでは実現しなかった買収が実現可能となるとともに，投資効率（投資のIRR）を向上させることができる（第5章2－1－4参照）。買手企業が投資ファンドである場合には，買収ファイナンスを用いることが多い[27]。

　買収ファイナンスは，買収対象会社が生み出すキャッシュ・フローのみを引当てとする貸付けであり，買収実行後のキャッシュ・フローが想定を下回り買収ファイナンスの元利金の支払に支障が生じたとしても，貸付人である金融機関は買手企業に返済を求めることができない（ノンリコース）とされる。そこで，貸付人は，買収ファイナンス契約上，買収対象会社が生み出すと想定したキャッシュ・フローの流出・減少につながる行為を広く制限するのが一般的である。買収ファイナンスを用いた買収の場合，そうした制約があることを前提としてPMIのプランニングを行う必要がある。

　買収対象会社の資産は原則としてすべて貸付人の担保に供され，買収ファイナンス契約上認められた例外に該当する場合を除き，買収ファイナンスの借入金の完済までの間，買手企業グループで自由に処分することはできない。事業内容の変更，他の金融機関からの借入れや他社への出資なども原則として禁止される。買収対象会社のキャッシュは，買収対象会社から流出させることなく買収ファイナンスの借入金の元利金支払に充てなければならず，買収ファイナンス契約に定められる厳格な要件を満たした場合に限って買手企業グループへの配当その他の処分ができるものとされる。また，買収対象会社と，買手企業グループの法人を合併その他の方法により統合することも原則としてできない。

　これらの制約のもと，契約交渉の際に特に交渉して買収ファイナンス契約に例外として定められていない限り，PMIにおけるグループ内組織再編・統合の一環として買収対象会社と買手企業グループの法人を統合することはできず，買収対象会社が営んでいるが買手企業グループとしては興味のない非中核事業を売却することもできない。事業体制や人員配置の変更など，買収対象会社にまつわる変更はすべて，買収ファイナンス契約において禁止されていない限りで行うことができる。このように，買収ファイナンスを用いた買収の場合は，

27　ただし，英国およびシンガポールなど英国法の流れを汲む法律を持つ国では，買収対象会社の株式を担保として買収資金を借り入れることは原則として禁止されており，これを行うには買収対象会社および債権者の保護のための特別な手続を取ることが必要になることが多い。

買手企業グループにおいてPMIとして可能な作業が大きく限定される。買収ファイナンス契約の交渉の段階でPMIのプランニングを行い，PMIにおいて買収対象会社について行うことを希望する変更については，買収ファイナンス契約において例外として明示的に定められるよう，貸付人である金融機関とあらかじめ交渉しておくことが必要となる。

また，買収ファイナンスにおいては，買手企業グループの100%子会社を新たに設立し，その新設会社が借入れを行ったうえで借入金を原資として買収を行うのが一般的である。そして，借入人と買収対象会社を合併させて，買収対象会社自身が借入人となることが多い[28]。合併は，買収対象会社を存続会社として行う場合と，借入人・譲受人となる新設法人を存続会社として行う場合がある。後者の場合，買収対象会社が取得している許認可などを存続会社に承継または再取得させなければならず，そのために必要となる手続や，許認可が失われる期間の発生が避けられない場合の事業上の手当て（例えば，輸入許可が必要な製品の輸入販売業について，存続会社による輸入許可再取得までに時間がかかり輸入ができなくなる期間が発生する場合，それを見込んで，合併前に多めの数量を輸入して国内保管しておくなど）をあらかじめ計画しておく必要がある。

3−4　買収契約交渉とPMIプラン策定

以上のとおり，買収契約における主要条項は，多かれ少なかれPMIに影響してくるものであり，そうした条項を適切に交渉し，買収実行後のスムーズなPMIを実現するためには，契約交渉段階でPMIプランの策定が相当程度進んでいることが望まれる。ヒアリングをした日系グローバル企業4社のうちA社は，PMIによる統合後の買収対象会社の位置づけについて，契約交渉中に青写真を描き始め買収の最終決定のタイミング，すなわち買収契約締結以前のタイミングで青写真ができ上がっているとのことである。このように，買収契約交渉と

---

[28]　買収対象会社自身が借入人になることにより，買収ファイナンスの利息を損金計上して課税対象となる所得を減少させることができるという税務上の理由が大きい。

並行してPMIプランを精緻化していく中で，PMIの視点から必要な条項を買収契約に盛り込んでいくことが理想である。

4 ｜ 買収契約締結からクロージングまで

　買収契約が締結されると，売手企業グループまたは買手企業グループが上場企業の場合には証券取引所の規則に基づく適時開示として案件が開示され[29]，そうでなくてもそれぞれのグループ内で公表されることが多い。買収契約締結までは秘密漏えいを防ぐため，売手・買収対象会社側において案件に関与する従業員を必要最小限に絞り込んだうえで，買手企業側に対しても担当者の人数を絞り込むことを求めてくるが（2－6－2参照），買収契約締結と同時にこの制約がなくなり，より多くの従業員に買収案件を担当させることができるようになる。これにより，買手企業側は買収契約締結前よりはるかに多い情報を買収対象会社から得られることとなる。加えて，買収契約締結までは売手側の指示に基づいて動いてきた買収対象会社の従業員も，買収契約締結を機に，オーナーとなる買手企業側の意向への配慮をし始めることとなる。これにより，買手企業グループにおいては，買収実行およびPMIの準備を一気に加速することができる。

　もっとも，独占禁止法（競争法）上は，当局の事前許可を取得し買収を実行するまでは，買収対象会社と買手企業グループが共同して，市場での競争に悪影響を与える行為をすることは許されない。DDの関係で述べた（2－6－3参照），買収対象会社と買手企業グループの間の競争機微情報の共有については，買収契約締結後もなお配慮が必要である。買収契約締結後のPMIの準備も，競争法の制約を超えて自由に行うことができるものではない。

　また，買収契約を締結し，買収対象会社の従業員からより多くの情報を得られることができるようになった時点で，それまでのDDでは得られなかった情

29　軽微基準に該当する小規模案件を除く。

報（2－6－2参照）を収集し，DDの補完を行うべきである。特に，贈賄問題や，#Me Too運動にみられるハラスメントの問題その他のコンプライアンス・イシュー（2－1参照）に代表される，グループ全体のガバナンスにおける「権限委譲しない項目」（第2章6－1参照）に関連する問題が，買収実行後に発覚した場合の買手企業グループのリスク（グループに対する社会的評判が低下するという，いわゆるレピュテーションリスクを含む）は大きい。そうした問題は，買収実行前に発見したうえで，買収対象会社において改善策を取らせるよう売手に求める必要があり，適切な場合には法令遵守等に関する表明保証（3－1－2②参照）の違反があり買収実行条件が充足されていないことを理由に，改善が完了するまで買収実行を見合わせることも検討すべきである。

　DDの段階や，買収契約交渉の早い段階では，売手企業グループの一員として振る舞っていた買収対象会社の従業員も，買収契約締結後においては，買収実行後を見据え，買手企業グループの一員となることを前提に買手企業グループと協調するようになってくる。競争法の制約は受けつつも，この期間に可能な限り，買収対象会社と情報共有を行い，入手した情報に基づいて正確にPMIのプランニングを行っていくことが，買収実行後Day 1のPMIプランをスムーズに実行していくための鍵となる。

　買手企業グループの体制についても留意が必要である。DDおよび買収契約締結までの段階においては，経営企画部などのM&A専門チームが作業を主導することが多いが，PMIのプランニングにおいては各事業部にバトンタッチするのが一般的である。このバトンタッチをスムーズに行うためには，どの時点からどの部署がPMIを実行するのか，どの部署が買収対象会社とのコミュニケーションを担うかといった点について，関係部署のコンセンサスを得て明確な形で定めることが求められる。

〔参考文献〕
河野豊弘『変革の企業文化』（講談社，1988年）

第7章 事例紹介

はじめに

　本章は，ヒアリング取材に基づいて日本のグローバル企業が実際に行っているPMIとその後のグローバル経営の実態を事例の形で紹介することで，読者のみなさまに，それぞれの事業モデルや戦略ごとにどのようにPMIの実務やグローバル経営を進めていくべきかのイメージを持っていただくことを目的としている。

　基本的な構成としては，4社の事例について戦略，ガバナンス，地域統括会社または地域統括機能（RHQ）のマネジメント，人事管理（Human Resource Management：HRM），ファイナンス，M&A実務，という6つの視点から日本のグローバル企業について事例を紹介する。基本的な分類の型としては，地域軸の国際（地域）戦略に基づく権限委譲モデル（本社集権型，地域分権型，本社・地域複合型）と，多角化戦略に基づく事業軸の権限委譲モデルに基づいている（図表7－1参照）。

　A社の事例は事業領域が絞り込まれた単独事業でグローバルに展開している企業の事例である。海外事業展開の際，単独事業の展開をしている企業にとっては参考になる事例であろう。

　B社は，複数の事業で関連的多角化をしている消費財メーカーである。複数の関連する事業領域で海外展開している企業には参考になると考えている。

　C社は幅広い事業領域にわたり，関連的な多角化をしている電機メーカーをモデルとしている。関連性が低い事業から高い事業に至るまで複雑な事項が混在している企業のため，事業間の関連性が複雑な多角化企業の事例として参考にしていただくとよいかもしれない。

　D社は，相互に独立性の高い非関連多角化をしているサービス業をモデルとしている。同社の事例は，基本的に事業部門ごとの独立性が高い非関連的多角化企業の事例として参考にしていただければ幸いである。

図表7－1　権限委譲モデルの特徴

事業軸の権限委譲モデル	
事業集権型	事業の意思決定に日本本社も強く関与する
事業分権型	事業の意思決定は事業会社・部門に権限委譲する
事業複合型	事業会社・部門によって集権と分権を使い分ける
地域軸の権限委譲モデル	
本社集権型	日本本社が権限を強く保持する
地域分権型	地域統括会社などを通じて権限や業務を委譲する
本社・地域複合型	独立性の高い地域統括会社などが日本本社を交えて相互に連携しあう

※　本章では，整理上，資本関係上のグループ全体の親会社である日本本社をGHQ，地域統括会社をRHQ，地域区切りではなく事業軸での統括会社をBHQとしている。

A社

業　　　種：食品メーカー
従業員数：5万人超
子会社数：100社超
進出地域：世界100カ国以上で事業展開

戦　　略

　A社は食品メーカーに分類されるグローバル企業である。多角化戦略のあり方としては、事業領域を絞り込んだ単一事業の専業型の戦略に基づいて事業を海外展開している。権限委譲モデルとしては、事業軸としては事業部門が権限を保有する事業分権型で、地域軸の権限委譲モデルとしては地域ごとの責任者を配置して権限や業務を移管する地域分権型を採用している。

　同社は特定の製品セグメントにおいて国際的な知名度と競争力を有しており、グループ経営としては主力事業を中心として高度にグループレベルでの統合と地域レベルでの分化を両立させている。

　同社において特徴的なのは、ガバナンスやシェアド・サービスなどの標準化が意味を持つ領域についてはグローバルに標準化された枠組みのもとで高度に統合されていながらも、マーケティング手法など顧客の嗜好性や文化的背景が影響を与えるような領域については適切に分権化されるように統合と分化が適切に設計されていることにある。食品産業という性質上、販売やマーケティングについては地域によって規制が異なる側面はあるが、基本的なブランディングや製品、内部プロセスのマネジメントは高度に統合されており国ごとにマネジメントの品質にバラつきが出づらいように運営されている。

図表7－2　A社の戦略と権限委譲モデル

戦略と権限委譲モデル	対応するモデル
多角化戦略	単一事業の専業型
権限委譲モデル（事業軸）	事業分権型
権限委譲モデル（地域軸）	地域分権型

ガバナンス

　資本関係上のグループ全体の親会社である日本本社（GHQ）が各国拠点を統括するというスタイルではなく，各国のグループ子会社は，日本を含む全世界の事業を所管している海外本社（BHQ）が事業軸の観点からすべてを統括し，買収子会社はそのBHQの傘下にあるという構図になっている。ただし，法人としてのRHQは設置されていないが，地域ごとの責任者が任命されている点は前述のとおりである。

　ガバナンスの面，すなわち年度ごとの予算の承認，KPIの設定，決裁権限規程（一定額以上の金額の投資），役員の人事，報酬など，経営の大枠ともいえる事項については，GHQの決裁を要するという設計にしつつ，それ以外の項目はBHQや地域責任者が決定権限を有している地域分権型の仕組みを採用している。権限規程については，項目ごとに権限者を決めるものとしており，地域を問わず一気通貫で適用し，閾値により決定権限が決まるものとなっている。

　A社のガバナンスのあり方は，単一の事業を，グローバル戦略に基づいて，グループを統一的にマネージするという経営戦略の型に呼応したものとなっているように思われる。すなわち，国際的に標準的な運用指針を設定し，かかる運用指針に基づいたマネジメントを求めることで，マネジメントの品質についての統一性を確保し，ガバナンスの基本的な項目は，GHQないしBHQの決裁を要するものとすることにより，グループ子会社についても，GHQないしBHQからのコントロールが効く体制となっている。これは，この会社の取り扱う製品が，単一で，世界的にみて共通性の高い性質を有することから，一定の事項は現地の経営に委ねるにしても，大枠を共通の運用指針に基づいたマネ

ジメントによるとすること（事業集権型）が，経営の効率性を高めるとの判断
に基づくものではないかと推察される。

　買収後の現地経営の担い手は，上記の運用指針に従った経営が求められる。
地域の特殊性（例えば現地の法規制）に応じた営業や運営がされることはあっ
ても，それは微調整されるべきレベルであり，マクロ的に眺めれば，世界的に
共通のスタイルで各拠点が運営されているといってよい。

　対象製品が共通であることに由来するのであろうが，グローバルで共通な経
営が可能な事業の集合体であり，ガバナンスの体制は他社の例に比べても，比
較的シンプルなスタイルになっている。

RHQマネジメント

(1)　国内および海外の管理構造

　A社においては，GHQの下に，BHQ（欧州）となっている。

図表7－3　管理構造

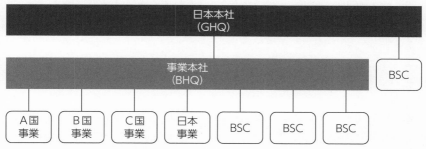

※　BSC：Business Service Center

　そして，そのレポーティングラインは，日本国内グループ会社については
GHQに直接レポートする構図になっているが，他方，海外地域については，
まず各地域のグループ子会社から，当該地域を統括する地域責任者に対してレ
ポートがなされ，その地域責任者からBHQへレポートされ，最後にBHQから
GHQに対してレポートがなされる，といった具合になっている。例えば，営
業機能やR&D機能，SCM（サプライチェーン・マネジメント）機能については，

各Region責任者もしくは各機能のグローバル責任者を経由してBHQのCOOへレポートがなされる。

　なお，ここで地域責任者であるが，地域をまとめるRHQのような独立した地域統括会社が設置されている，というわけではなく，当該地域内外のいずれかのグループ子会社に所属している者が地域ごとの責任者として任命され，当該地域を所管しているにとどまる。

　また，地域が欧州のように広範に及ぶ場合は，西ヨーロッパと東ヨーロッパなどとさらに細分化された地域カテゴリーが存在し，そのカテゴリーにもそれぞれ責任者が存在する場合もある。

(2)　RHQの存在

　A社には，国や地域ごとに独立したRHQという法人が存在するわけではないが，GHQおよびBHQに法務，ITサポート，知財，経理・税務，人事（給与，福利厚生）などの機能が存在する。さらに経理などの間接業務については，Business Service Center（BSC）が，24時間対応できるよう時差を踏まえていくつかの地域にバランスよく設置され，各社にシェアド・サービスの形で支援を提供している。

HR

　グループ子会社を統括するBHQにGHQ管轄以外の人事管理が基本的に任されており，そのBHQが主体となりグローバル共通の施策の展開，買収子会社の積極的な統合が図られている。まず，BHQにおいて，グローバル共通の人事戦略が策定されており，各国固有の法的制約等がない限りは買収子会社にもグローバル共通の人事ポリシーを適用するのが基本方針である。一部の幹部社員の人材マネジメントにはGHQが関与しているが，それ以外についてはBHQのHR責任者に権限が委譲されている。そのなかで一定のレイヤー以上はグローバル規模で人材プールが管理され適材適所が図られている。また，GHQとBHQ間で幹部社員から一般社員まで幅広く人事交流が計画，実施されてい

る。グローバルベースでの人事戦略を実践する観点から，人事基幹制度（等級制度・評価・報酬体系等）は，基本的にグローバルで統一的に整備・運用されており，買収子会社についても，統合後はグループ全体のグローバル共通の仕組みを導入し運営するために，買収後一定期間でグループ制度への統合が図られている。

ファイナンス

A社では，GHQ，BHQ，グループ子会社という3段階で，それぞれCFOを設置している。そのうえで，全社の財務情報はすべて本部に集約され，グループ全体としての資源配分や意思決定についてGHQのCFOが判断するという体制を敷いている。

具体的には，BHQ，グループ子会社の各CFOは，それぞれ担当領域・法人の財務分析・管理と事業管理に責任を負う一方，GHQのCFOは全社ベースの財務分析・管理を担うかたちとなっている。

キャッシュ管理については，本部管理の下，基本的にグループキャッシュ・マネジメント・システムで統合管理がなされ，資金余剰主体からの吸い上げをGHQのCFO権限で実施している。他方で，「グローバルで事業展開を行っているため，通貨のナチュラル・ヘッジという観点から，可能な範囲で収入通貨と支払通貨を合わせる」という前提の下，現地国の既存取引や金融慣行等も踏まえて，現地商習慣に沿ったかたちでの運営もある（例：小切手，現金）。

業績管理については，GHQ，BHQ，グループ子会社の各段階において，①3年程度の中期経営計画と，②これら中期経営計画を年度ごとに精緻化したアニュアルプランという2つのツールを活用しつつ，グループ共通KPIに基づき定期的なモニタリングを実施している。①については年1回のレビュー，②については月次管理が実施されている。また，①，②にかかるオフィシャルな会議体以外にも，レイヤー横断での関係ラインCFO・担当者によるミーティングを開催し，特殊事情や不測事態の発生への対応を実施している。①，②のモニタリング結果を踏まえて，四半期ごとの決算期に実施される本社トップレベ

ルの会合において，上場企業としてのIR対応とグループ全体としての配当方針を決定している。なお，グローバルM&Aにかかる投資評価のベースとなるシナリオの考え方について補足すると，当社では，買収時のバリュエーションに用いる資本コスト（WACC）についてはあくまで決めたルールに従い機械的に算定しているとのことである。すなわち，恣意性を排除することに加え，複数の投資案件をノイズなしで比較することを目的に，社内の算定ルールを適用して算出している。

　CFOに限らず，A社では現地の人材について出身・出自に関係なく，買収子会社に適任の人材がいれば適材適所で配置されている。このため，BHQの枢要ポストに買収子会社の元幹部がリテンションされているケースもみられる。基本的な考え方として，日本人・外国人の区別もなく，必ずGHQから派遣するというスタンスにもない。適任者がいない場合には社外マーケットから確保したうえで派遣することもある。

M&A

　買収対象会社の選定は，買収対象となる可能性のある企業を広く抽出したうえで（いわゆるロングリストの作成），そのなかから具体的に買収の実現可能性がある企業を絞り込む（いわゆるショートリストの作成）ことにより行っている。いずれのリストも，外部アドバイザーを起用することはなく自社で作成している。A社の属する業界は狭い業界であり，買収対象会社の絞り込みは比較的容易である。

　絞り込みにあたっては，事業戦略との整合性を最も重視しており，買収後の対象会社のマネジメントをどのような人材に任せるかについても，意思決定時に議論される。その際，買収対象会社のカルチャーも考慮したうえで，適材を判断している。特に，自社のプレゼンスがないマーケットでは，マネジメントの配置を含めより慎重な検討が必要となる。また，買収対象会社のブランドや流通の能力が，買収の目的に照らして適切といえるかを検討している。

　統合後の姿については，契約交渉中に青写真を描きはじめ，買収の最終決定

のタイミングでは青写真ができ上がっている。人材配置の具体的計画も，買収の最終決定までに実施する。そうした青写真に基づいて，買収完了後の統合計画作成のなかで，実行する戦略・施策を確定してPMIを実行している。

デューデリジェンス（DD）のなかで行うPMIを見据えた作業としては，現場・マーケットで何が起きているのかを調べるようにしている。特に新興国マーケットでは現地で何が起こっているかが重要であり，地域の担当者を関与させる。大きな案件では相対交渉ではなく入札になるのが通例であり，その場合は売手側から積極的に情報を出してくるケースが多いことから，相対交渉の場合に比して情報を入手しやすい。

買収契約のなかでのPMIを見据えた工夫としては，買収対象会社が有する現地のネットワークを維持することを重視する。その方策として，買収実行後も売手側からサポートをもらえるよう，売手との間でアドバイザー契約を締結することや，買収契約にアーンアウト条項（買収後に買収対象会社が生み出した利益の一部を売手に還元する条項）を定めることがある。

総　括

A社は，食品産業として，製品およびそのブランディングを世界共通としたうえで，各国での嗜好と規制に対応するための調整を行うという地域分権戦略を採っている。ガバナンスの体系においても地域戦略に呼応し，予算・KPI，役員人事・報酬について枠を定めつつも，意思決定について世界共通の権限規程を設け，海外各地域・グループ子会社に権限を委譲した地域分権型を採用している。人事については現地の労働市場を踏まえた雇用を行い，ファイナンスについても，買収子会社にCFOを置き，取引先との資金決済方法等の細かな管理を現地に委ねるのみならず，新興国においてグローバルバンクが使えないというような現地特有の事情を加味した現地での管理を許容している。M&Aの局面においても，DDの段階から現場・マーケットで何が起きているのかを調べることを重視し，買収後も買収対象会社が有する現地のネットワークを維持することを重視しているとのことである。このように，A社は必要な範囲で

現地に意思決定権限を委譲するという，明快な組織体制を取っているように見える。

　かつては，買収した欧州企業を海外事業全体のBHQとして海外事業を管理させる一方，国内事業はGHQの直轄となっていた。しかし，グローバルでの統一した管理を標榜し，最近になって国内事業もまた上記BHQの傘下に移し，海外事業と国内事業が同列にBHQから権限委譲を受ける体制としたとのことである。言語の問題や，創業の地である日本を海外と同じ扱いにすることに対する感情的な抵抗を乗り越えて，新体制が機能していくことが期待される。

B社

```
業　　　種：消費財メーカー
従業員数：1万人超
子会社数：100社超
進出地域：アジア，米国，欧州など
```

戦　　略

　B社は少数の関連する事業をグローバルに展開し，関連的多角化を進めている企業である。権限委譲モデルは事業軸としては事業分権型，地域軸としては本社（BHQ）集権型モデルを採用している。同社が手がける消費財分野は地域ごとに異なる嗜好性が存在する傾向があるため，事業活動においてはローカル市場に適応する施策が打たれているが，基本的な権限関係についてBHQが関与する仕組みに基づいてグループマネジメントが推進されている。

　また，消費財領域は一般的に各国市場の生活習慣などとも密接に関連しており，GHQでマーケティングなどの細部まで規定することは困難なことが多い。そのため，事業レベルの活動はGHQが関与しながら運営する性質ではなくBHQなどに権限委譲されながら運営されている。

図表７－４　B社の戦略と権限委譲モデル

戦略と権限委譲モデル	対応するモデル
多角化戦略	関連的多角化
権限委譲モデル（事業軸）	事業分権型
権限委譲モデル（地域軸）	本社（BHQ）集権型

ガバナンス

　B社は，消費財のグローバル・カンパニーであり，製品の基本的な特性は，

拠点を問わずグローバルに共通化している。ガバナンスのあり方については，B社では，いくつかの主要な事業について事業軸としてBHQを置いたうえでの事業分権型の戦略によっている。他方で，対象事業における製品が消費財であり，地域に応じたユーザーの嗜好が多様であるという特性もあるため，基本的に，大枠については，買収直後に，買収子会社にGHQ作成のグローバル・ガバナンス・ルールを導入し，マネジメント組織を設置することは求めるものの，これらに従うことを前提にしつつも，それ以外は，買収前からの経営者が裁量をもって，引き続き経営を行うという設計になっている。

　買収前からの経営者が引き続き経営を行う場合，グローバル・ガバナンス・ルールで求められているGHQ由来の要求について，軋轢が生じることがありうるが，それを和らげるための工夫としては，GHQから派遣される従業員による丁寧な説明，RHQ機能を備えるBHQにある事業領域全体を統括しているファンクション（例えば法務）が，新たに本社グループに加わった対象企業のための相談窓口を設けるなどのいわばソフトなアプローチで，グローバル・ガバナンス・ルールの浸透に努めている。

図表7-5　RHQマネジメント

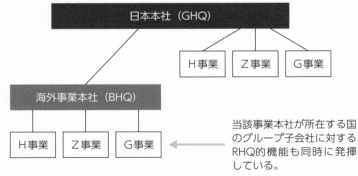

(1)　国内および海外の管理構造

　B社においては，事業領域ごとに日本以外の海外地域を統括するRHQ（独自

の法人格があるわけではなく，BHQがRHQ機能を有している）が存在する。B社には，大きな柱としてのH事業のほか，Z事業とG事業があるが，これら事業ごとに，米国や欧州などに事業上の本社（BHQ）が設置されている。そして，このBHQが，時に当該国や地域の他の事業領域のグループ子会社を含めたグループ子会社のRHQ的機能（ただし独自の法人格があるわけではない）を発揮することがある。ただ，このBHQは，当該事業領域内でのM&Aを通し，最も規模が大きい買収子会社がその後，当該事業領域における海外地域を統括するBHQとなるとともに，自然とRHQとしての機能も期待されることになった，というのが実情である。

　そして，その海外地域のグループ各社のレポートラインは，当該地域の各社から，事業領域ごとの事業本社であるBHQへレポートし，BHQからGHQへのレポートがなされるという構図である。なお，ファイナンスなどアドミ機能についてはGHQまたは事業領域ごとのBHQから買収子会社に人材を送り込んでいるため，これら機能に関連する事項については，かかる派遣した人材を通じてのBHQやGHQへのレポートラインも存在する。

⑵　RHQの存在

　B社には，このように地域ごとに独立したRHQを設置しているというわけではなく，事業領域ごとの事業上の本社であるBHQがたまたま海外にその拠点を有するため，RHQ機能を発揮することになっているわけである。つまり，一から設立したRHQではなく，買収した企業の中で当該事業領域において中心となる規模と機能を備えた企業に，BHQ機能のほか，RHQ機能も果たしてもらう，という構図であるということがわかる。同一の事業領域に属するグループ子会社で，かつ，同一の地域内に所在する会社の数がそこまで多いわけではないため，地域ごとに独立のRHQを設置したり，A社のように地域ごとの責任者を任命したりすることまでは不要といった事情があるのであろう。

HR

　基本的には，買収子会社個々に人事施策を任せるのではなく，GHQ管理の仕組みの中に入れ，ガバナンスを十分に効かせる思想が持たれている。人事関係については，グループ共通の基本方針があり，展開・活用されている。例えば，グローバル人材情報システムの導入とシステムを用いた人材情報の活用，社員意識調査による組織力の向上，グローバル共通の等級制度・評価制度・教育体系・報酬ポリシーによる人材マネジメントの強化などが行われている。この方針の中で，買収子会社は一定期間をかけて共通の仕組みへの移行が図られることとなる。この移行は多くの場合，PMIフェーズで行われるが，アイテムごとに最適な移行タイミングが検討される。

　間接業務機能におけるビジネス支援の1つの形態としてシェアド・サービス化が挙げられるが，同社HR部門でも各地域の中心となる会社のHR部門によるシェアド・サービスが進められており，福利厚生，報酬管理，給与等のHRサービスがリージョン内の現地法人に提供されている。

ファイナンス

　B社グループにおいては，日本本社をグループ全社を統括するGHQとしたうえで，買収子会社は事業領域ごとに配置されたBHQの100％傘下に入れることを原則としている。そのうえで，買収子会社には，CFOクラスの人材をBHQから派遣して早期にB社の「グローバル・ガバナンス・ルール」（全社統一ルール）を定着させることに注力している。

　この「グローバル・ガバナンス・ルール」では，買収子会社の規模に応じて現地における投資額等の金額に上限設定がなされており，上限金額の範囲内であれば現地レベルでの意思決定を可能とする一方，上限金額を超過する場合にはGHQ判断にエスカレーションされるといったように，意思決定上のレベルや条件が設定されている。

　買収子会社に対して「グローバル・ガバナンス・ルール」を導入する際には，

多くのケースにおいて，買収前の既存業務運営に比べて，合意形成や意思決定のプロセスが煩瑣となる場合が多い。このため，B社では，PMIフェーズにおいてGHQからのサポート人材を派遣して「グローバル・ガバナンス・ルール」に基づく新たな業務プロセスの定着を図ることとしている。

　キャッシュ管理については，買収後早期にグループの共通インフラであるグローバルキャッシュ・マネジメント・システムに組み込んでいくことで，グループ一元管理体制を敷いている。

　業績管理については，GHQのコーポレート部門が，売上高・利益額等にかかる予実管理を定期的に実施している。これら予実管理のモニタリングを行う会議体にはグループ子会社の実務担当者，グループ子会社の財務部門とGHQが一堂に会し，あらかじめ年度計画等で設定したKPIとの比較・検証を行い，必要に応じた打ち手について協議をする場として機能している。

　なお，買収子会社のCFO人材については，基本的にBHQから派遣する体制を敷いているが，事務レベルのスタッフについては基本的には現地人材をリテンションしている。

M&A

　買収対象会社の選定は，興味のある分野についてロングリストを作成し，候補企業自体や，候補企業を保有するプライベート・エクイティ・ファンドを訪問して協議を行う。投資銀行から持ち込まれる案件に取り組むこともある。

　ブランド取得を目的とする買収案件では，ブランドを統合できるか否かが重要であり，統合が難しいことを理由に買収を断念したケースもある。

　統合後のPMIの計画の策定は，DDの終盤頃から開始する。

総　括

　国内においては関連消費財について消費者向け・業務用それぞれの幅広い製品ポートフォリオを有し高い市場シェアを持つB社であるが，国内の製品ポートフォリオをそのまま海外市場に持ち込むための海外M&Aを行っているわけ

ではなく，自社製品群に関連のある有望な製品・ブランドを有する海外企業を選択的に買収しているように見受けられる。買収直後の買収対象会社に，GHQの方針に沿ったグローバル・ガバナンス・ルールを導入させることを通じ，GHQの方針に基づいて各国で意思決定がなされるガバナンス体制を構築したうえで，グループへの統合の早期実現のために買収対象会社にGHQ，あるいはBHQから役員を派遣し，ファイナンスについても現地CFOを日本から派遣している。人事についても，日本を含めたグローバルでの人材マネジメントを実施している。もっとも，買収子会社をGHQが直轄するというわけではなく，それぞれの事業領域において最大の買収子会社を，当該事業領域のBHQとして機能させるという事業軸に基づく体制（全社戦略としての事業分権型ないし事業ごとの事業本社集権型）を取っており，地域ごとの地域統括機能を持たせて地域軸でのシナジー創出は行っていない（事業部門においても管理部門においても）。

　幹部クラスの人材を現地に派遣することでGHQの方針を浸透させるという方策は，海外企業の買収がさらに進むと，派遣すべき人材の枯渇をきたす可能性がある。その場合，事業分権型戦略のもと，買収子会社幹部も現地ないしBHQにて採用する方向に進むのか，人材を派遣するGHQ側の体制を増強するという事業集権型に寄った方向に進むのか（その場合，内部で育成するか，外部から採用するかの選択肢があり，後者については外部採用者に自社方針を理解させるという作業がまず必要になる）という点が，今後の課題となってくるように見受けられる。

C社

業　　　種：電機メーカー
従業員数：10万人超
子会社数：500社超
進出地域：世界100カ国以上で事業展開

戦　　略

　C社はエレクトロニクス業界における幅広い製品領域に展開しているグローバル企業である。多角化戦略としては関連的多角化を基本とする企業であるが，事業領域自体はB to BからB to Cまで幅広く展開している。

　権限委譲モデルとしては，事業軸の権限委譲モデルは事業分権型（戦略はBHQが主体）となっており，基本的にはBHQが主導して海外子会社のグループマネジメントを行う形となっている。また，地域軸の権限委譲モデルはBHQが戦略を主導し，必要に応じRHQの支援を得る本社（BHQ）集権型のモデルを採用している。

図表７－６　C社の戦略と権限委譲モデル

戦略と権限委譲モデル	対応するモデル
多角化戦略	関連的多角化
権限委譲モデル（事業軸）	事業分権型
権限委譲モデル（地域軸）	本社（BHQ）集権型

ガバナンス

　事業領域，対象製品が多岐にわたることから，戦略もそれぞれの事業に応じたものとなり，全体的には複雑な様相を呈することになる。ここでの基本的な経営についての方針は，買収子会社の良いところを尊重することとし，GHQ

のやり方を押し付けず，経営戦略における関連多角化事業モデルに対応した経営方針がとられている。しかしながら，そうであってもガバナンスのあり方としては，一定の事項について，GHQのルール，仕組みに合わせることを求めている。具体的には，コンプライアンス，J-Sox，情報システム，品質管理，情報セキュリティなどは，本社の定めたルールに従うことが求められ，また会計システムについては，本社のシステムと連携することが求められている。それらの条件のもとで，現地の経営に委ねられているのである。

　コンプライアンスについては，GHQの定める遵守すべきルールと仕組みを，買収後，順次，買収子会社に導入することとしている。順次という留保が付くのは，導入にあたり，買収子会社からの抵抗が少なくないためである。導入するべきコンプライアンスの仕組みの例としては，内部通報窓口があるが，その一本化，つまりGHQ/RHQの窓口が各国からの通報を受けるように改めることについても，例えば労働者会議や労働組合との協議などを要する法制などもあり，一本化の導入も必ずしも容易ではない。いずれにしても，方針はGHQの定める仕組みを導入することである。

　権限委譲については，PMIのプロセスのなかでGHQの定める権限規程を導入する。したがって，世界的に共通のルールに従った権限委譲が各国拠点においてなされていることになる。どこまでの権限が委譲できるかは，当該社の格によって定められており，対象である買収子会社の規模などに応じて，事業部格とされたり，あるいは，既存の買収子会社と同格とされることもある。共通の権限規程に従って委譲された権限のもとで，各国拠点が，経営を実行していくというスタイルである。

　経営に自治を委ねるスタイルが前提であり，買収子会社の良さを尊重し，GHQの意向で経営を染め上げることはしないという考え方であるとすると，買収後の現地経営者の人選についても，リテンションを試みるケースがほとんどである。GHQがこれらの人材に対して行うことは，派遣者を送り込んで，GHQが要求する程度のコントロールを行うことにとどまる。

　現地の経営に委ねる場合には，モニタリングの重要性が高まることになるが，

モニタリングの有効な仕組みは模索中でもある。年に１回，現地を訪問して遵守状況を見るだけでは限界があることは否定できない。また，コロナ禍の下では，さらにそれがオンラインでのやりとりに代わらざるをえず，オンラインではやはり見えてこないと感じるところは多い。C社は，地域を軸にしてRHQを置いているが，モニタリングについて，RHQとの協働を通じより効果的にできないかという問題意識を，特にコロナ禍開始後は持っている。RHQは買収子会社に地理的にも近く，知見，時差，言語の面で，より深くモニタリングできるという意味ではGHQよりも優位にあるといえる。GHQがRHQを後方支援するかたちでモニタリングすることによる見える化の向上を期待しているところである。

図表７－７　RHQマネジメント

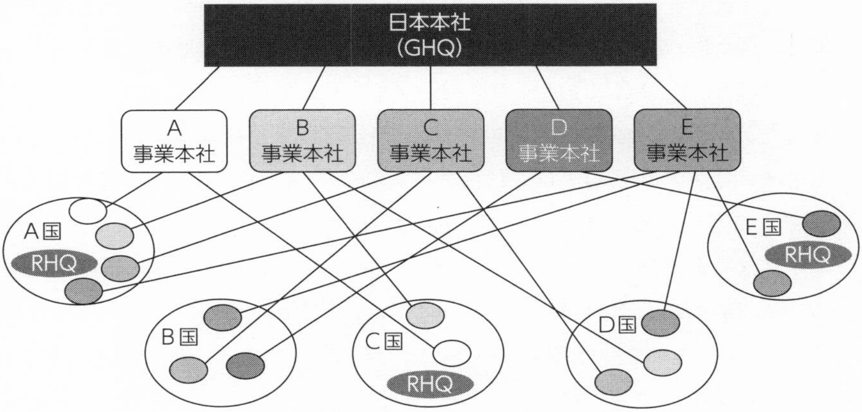

(1)　国内および海外の管理構造

　C社においては，海外地域のグループ会社も，原則（一部例外あり），すべて事業単位（BHQ）で管理・統治している。ただし，①地域ガバナンスの視点（人事，経理・財務，法務，監査等）と，②シェアド・サービスの視点については，海外各地域に設置しているRHQがGHQに代わって，または補完役として機能

しているという構造であるが，一部拠点については，新規事業創出について
BHQからRHQに事業上の権限を委譲している。なお，RHQは，欧州，米国，
南米，中国，アジア，インドに存在する。

　そして，海外地域のグループ各子会社のレポーティングラインは，上記①お
よび②に関連する機能については，当該地域を管轄するRHQを通じてGHQへ
レポートがなされ，それ以外の直接事業にかかわる部分については，直接
BHQへのレポートがなされる，という構図となっている。

(2) RHQの存在

　C社においては，前述の地域にRHQを設置しているということであるが，
RHQは，原則，事業責任を負わないので，事業に関する権限は委譲していない。
ただし，前述のように一部のRHQに限っては，新規事業創出機能を与えている。

　また，例えば，買収対象会社がすでにグローバルに事業を展開するグループ
であった場合，当該買収子会社のグループ子会社が欧州，米国，アジアと点在
する場合がある。かかる場合については，当該買収対象会社の本社が所在する
国・地域を統括するRHQが，これら点在するグループ子会社についても管理・
支援することになる。その理由は，RHQの運営費用は，当該買収対象会社，
つまり買収対象企業グループにとっての本社からいわゆる上納金を徴収する形
（配賦方式（RHQが所管する地域に存在するグループ子会社から売上に対して定率で
回収するもの）または業務委託費方式の場合がある）となっており，その場合，
買収子会社グループの本社からその所在国・地域を統括するRHQにのみ支払
われるためである。なお，RHQとその所管する地域のグループ会社の多くは
直接資本関係があるものの，必ずしもそうとは限らないのが実態であり，配当
金で賄うという方式は採用していない。

HR

　M&Aにおいては基本的には可能な限り買収子会社の自主性を尊重する方針
であり，GHQのやり方を押し付けることは考えられていない。買収子会社が

従前に保有する競争力を損なうことのない方法で戦略の展開やシナジーの追求が図られている。この基本的な考え方の下，基本的な人事戦略については，買収子会社をGHQの戦略と整合させることはほとんど行われておらず，地域ごとに最適な人事戦略がとられている。人材マネジメントについては，トップ層の人事についてはGHQやBHQも関与している（決裁や採用面接へのGHQやBHQからの参加など）ものの，通常の人事管理であれば各社で実施されている。各RHQがガイドライン・基準を持っており，それに沿ってそのリージョン内の各社がさまざまな人事施策を実行しているが，それを買収子会社に適用することは限られている。人事基幹制度（等級制度，評価，報酬体系など）については，リージョンごとの固有の制度となっており，買収子会社においては基本的には処遇・労働条件は買収前の状態が維持され，人事制度を統一化することは一部の幹部社員を除き，ほとんど行われていない。福利厚生制度も同様で，買収子会社は別の仕組みで運営されており，グループ統一的な制度に統合することは行われていない。

ファイナンス

　C社グループでは，人事，経理・財務，法務，監査などさまざまな機能が，ガバナンスまたはシェアド・サービスとしてRHQに配置されているが，ファイナンス面については，全社の資金をGHQがRHQを介し一元的に管理する体制となっており，GHQによる強い集権体制が敷かれている。

　具体的には，買収子会社における資金調達は，基本的にグループ内のファイナンス子会社からの融資によりリファイナンスされ，その後の資金管理についてもグローバルキャッシュ・マネジメント・システムの中でGHQが一元的に管理を行っており，買収子会社には，日常的なオペレーションに関する実務が残る程度の扱いとなる。

　戦略面に関しては各事業会社が主導しており，グローバルを含めたM&Aの案件についても事業部主体で検討されるが，当該M&Aにかかる資金調達についてはGHQに依頼・上程する扱いであり，各事業会社における意思決定の権

限はない。このため，グループ内のファイナンス子会社以外の第三者からの資金調達は，原則としてありえない。

　業績管理については，年次の定期報告が定められており，グループ内の各事業会社が設定するKGI/KPIに基づき，GHQが横串視点で管理を行っている。

　現地の財務担当幹部人材は基本的にGHQから派遣している。買収子会社は，既存幹部をリテンションしている事例が多い。

M&A

　買収対象会社の選定は，各事業会社の事業開発部が，ロングリスト，ショートリストを作成したうえで候補企業を往訪し，買収の実現に向けた協議を行う。投資銀行から候補企業の提案を受けることもあるが，そうした提案にすぐに飛びつくのではなく，いったんリストに入れたうえで，自社で検討対象とした候補企業と同列に並べて検討するようにしている。

　DDを行うなかで対象会社の中身がわかってくるので，統合後のPMIの計画の策定は，DDを開始する頃から開始する。PMI計画の策定のなかで，事業やオペレーションの統合や，統合後の経営体制（既存経営陣を維持するか，どのような人材を送り込むか）を検討する。カルチャーについてはコンプライアンスを重視している。コンプライアンスについての経営トップの考え方が甘く，コンプライアンスがカルチャーとして根付いていない企業は，深掘りすると必ず何か問題が見つかるものである。

　買収契約交渉段階でのPMIを見据えた工夫としては，PMIの計画を導入することについて対象会社の経営陣の理解を得ることを重視している。PMI計画は書面化して明確な形で定めることとし，買収契約の別紙として添付したり，経営陣との間の雇用契約のなかでPMI計画の実施を規定するなどして，PMI計画の実施を実現している。

総　括

　電機メーカーとして複数事業を展開し，複数の独立した事業部を有するＣ社

は，それぞれの事業領域の専門性を重視している。海外M&Aにおいても，対象会社の魅力は既存のオペレーションにあるとの考えのもと，買収対象会社がもともと持っている良さを活かすことを重視している。世界の5地域に，地域統括を専業とするRHQを置き，その地域を中心に活動する買収子会社を統括させているが，特定地域を除いては，事業責任を負わないRHQに広範な権限を持たせることはしておらず，当該地域での買収をRHQ主導で実施することもないことから，地域における子会社間の事業会社の枠を超える事業面でのシナジー創出事例はあまり多くない。人事の面でも，買収対象会社の人事制度をグループ全体の人事制度に揃えることはしておらず，幹部クラスを含めてグローバルの人事制度や，採用方針，報酬体系の統一も行っていない。もっとも，ガバナンス（特にコンプライアンス）についてはグループ全体のルールを買収対象会社に導入させており，ファイナンスについてもGHQ直轄のファイナンス子会社を通じてのグループ内貸付けと，財務担当幹部の本社からの派遣などにより，GHQがRHQを介し管理している。

　このように，買収対象会社の良さを活かす思想は，子会社管理において一貫して反映されているように感じられる。現地の経営に自治を委ね，迅速な意思決定を行う体制は，技術革新の激しいエレクトロニクス業界に最適化されたものであるように思われる。その反面として，買収によりグループ入りする買収対象会社との関係で，グループとしての理念やカルチャーを共有することができるのか，グループ全体でのシナジー創出がどこまでできるのかという点について具体的な答えはまだないように見受けられる。こうした理念やカルチャー共有・シナジー創出が実現しない場合，部門売却や事業部の独立別会社化（いわゆるスピンアウト）による新たな価値創出も選択肢となるのであり，C社がそうした展開も見据えてグループ経営を進めていくのかが注目される。

D社

```
業　　種：サービス
従業員数：１万人超
子会社数：100社超
進出地域：米国，欧州，オセアニア，アジアなど
```

戦　略

　D社はサービス業界に属する企業であり，複数の事業ドメインを有している非関連的多角化企業である。同社の権限委譲モデルについては，事業軸では事業分権型となっている。また，地域軸の権限委譲モデルとしては本社（BHQ）集権型を採用している。

　さらに同社が特徴的なのは，事業ドメインごとにBHQがさまざまな国に置かれているという点である。ある事業では日本に拠点があるが，米国にBHQを置く事業や欧州にグローバルな事業本部を置く事業領域もあり，多国籍企業としての側面が強くなっている。同社はBHQに対する権限委譲を積極的に行っているため，事業会社の買収においても買収した企業に事業に関する権限を委譲することを念頭に置きながらM&Aを行うこともある。M&Aを積極的に活用しながら海外事業の成長を実現してきたという点に特徴がある。

図表７－８　D社の戦略と権限委譲モデル

戦略と権限委譲モデル	対応するモデル
多角化戦略	非関連的多角化
権限委譲モデル（事業軸）	事業分権型
権限委譲モデル（地域軸）	本社（BHQ）集権型

ガバナンス

　D社は，事業領域ごとにグローバルなBHQを置いており，それらのBHQが
GHQの傘下にあるという事業分権型の図式になっている。

　ガバナンスにおける権限委譲の点，すなわちGHQの手法で染め上げるのか，
それとも任せるのかという点については，一見すると事業次第であり，沿革的
に，もともとD社において展開してきた事業か，それとも，D社には知見がな
い分野について，買収で増強した事業なのかによって異なっているように見え
るが，後者の場合も買収で増強した事業の事業本部がBHQとなり，買収前か
ら有していた手法で事業を（買収子会社を超えて）展開するが，それでも一定
の事項についてはGHQが権限を留保し，委譲しないことを必須としており，
結局のところ，従来よりD社において展開してきたか，それとももともとD社
に知見がなかった新規事業であったかの違いは，あまり意味をもたないものと
なっている。

　そのような構造の中で，GHQが留保している，委譲しない項目の中には，
決裁権限が含まれる。決裁権限については，決裁事項の性質・規模に応じて，
GHQ決裁，BHQ決裁，グループ子会社各社決裁等に分かれており，この区分
は世界共通のものとなっている。

　グループ規程は国内，国外問わず，同じものをグループに適用している。
GHQに留保すべき権限か否かの点は，グローバルで統一されている（本社集権
型）。これに対し，事業本部やBHQから子会社等の下位組織への権限委譲は，
ビジネスの要請，過去の歴史的経緯，スピード感の維持などの事情に応じて，
柔軟に行えるように制度設計されている。

　GHQに権限が留保されている基準としては，100億円が一定の目安となって
いる。また，資本政策に関わるものは，GHQの専権事項とされている。

　現地の経営を誰が行うか，買収子会社の経営陣に委ねるかの点については，
これまでの買収の歴史的経緯から，いくつかのパターンに整理できる。GHQ
において推進してきた既存事業の規模の拡大を目指した買収の場合には，既存

の事業領域のマネジメントを拡げていくことが事業拡大につながることについて，GHQとしては実証済みと認識している。そのため，事業本部の行おうとする経営についての理解や意欲があり，これについて合意する人材が現地にいるなら，その者を社長とする。もしも買収時の現地経営者がそのような観点からみて適合しないと判断される場合であれば，企業を買収しながらも，その者には退いてもらうという選択をこれまでしてきている。これに対して，買収対象の事業が同社の既存の事業の型にはまらない，同社に知見のない分野の場合には現地経営者を継続雇用する必要もあるが，その際には買収を担当した役員が現地経営陣とともに戦略立案を行ってきた。

その他のモニタリングとしては，BHQへのコントロールという意味で，BHQのボードには，GHQの人間が入り，グループ全体の最適の観点からみており，時には反対意見を述べることもある。

前述のように，グループ規程を適用していることから，ガバナンスのストラクチャーは同一であるが，GHQが知見のある事業分野であるか否かに応じて，誰を社長にするかなど，ガバナンスの運用［AH1］も機動的に変えているのが，D社の特徴である。

図表7－9　GHQマネジメント

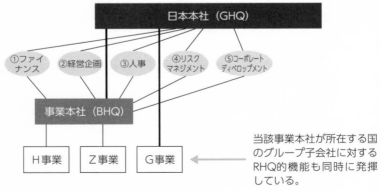

当該事業本社が所在する国のグループ子会社に対するRHQ的機能も同時に発揮している。

⑴　国内および海外の管理構造

　D社においては，3つの柱となる事業があり，それぞれの事業の長と，さらに5つの機能（①ファイナンス，②経営企画，③人事，④リスク・マネジメント，⑤コーポレートディベロップメント）の長の権限が決裁権限上も明確に定められている。この事業軸による管理（統治）が非常に強く，事業間で求められる事項があまりに異なるため，地域ごとに事業横断的な役割を期待するRHQなどを設置することはしていない。他方，事業ごとに本社（BHQ）を設置しており，BHQの中にはBHQが配下子会社を含めて対象事業を買収した子会社に本社機能を設置している事業もある。

　また，上述の5つの機能についてはGHQに設置されるとともに，BHQにも同様に5つの機能を設置し，機能軸でのガバナンスとして統一的な運営および管理監督ならびに3つの事業間での情報やナレッジ共有を図る構図となっている。

　そして，日本を含む世界全地域のグループの各子会社のレポートラインは，事業に関する事項については事業ライン上の本社（BHQ）へのレポートを，前述の5つの機能に関連する事項については事業ラインでのレポートラインに加え，それぞれBHQにおける各機能の長を通じて，一定項目についてはGHQの各機能の長へもレポートされる仕組みとなっている。

⑵　RHQの存在

　D社においては，このようにそもそも地域ごとにRHQは設置しておらず，事業ごとに本社機能を分け，日本に加え，米国および欧州に本社機能が分散している形となっている。とはいえ，法律上・資本関係上は，GHQの下にそれぞれ米国や欧州のBHQ機能（子会社）がぶら下がる形となっているため，事業上の決定権はBHQにあるものの，ガバナンスや法令遵守の観点からは法律上の親会社であるGHQが各種意思決定権限や監督権限を有している，ということになり，前述の5つの機能軸で，法律上の親会社であるGHQが一定の権限を有しているといえよう。

HR

　BHQごとに買収の目的に応じて，モニタリング，コントロールのやり方を決定するのが基本的な考え方である。人事戦略についても原則的にBHQレベルで決定され，その後，部門内の各社レベルで各国法制に合わせた個別具体的な戦略に落とし込まれる。その一方で，グループ共通で実施されるべきポリシーもいくつか存在している（例：Pay for Performance，Equal or Better（報酬は市場価格よりも高く設定）などの報酬に関する基本ポリシー，ホールディングスとして評価・育成に関与する経営幹部の報酬設計など）。人事制度設計もBHQレベルで設計され，それに基づいたマネジメントがグループ子会社各社で実施されている。その中で，日本子会社での解雇の実施などリスクの高いものはグループ子会社には権限委譲せず，BHQレベルで決裁権限を保有し，管理するマネジメントがなされリスクコントロールが図られている。買収後の人事交流についてはBHQレベルで人材育成や戦略遂行を考えた場合，グローバルでの業務遂行が必要となる場合など，個別の状況に応じて取組みが決定される。人事基幹制度（等級制度，評価，報酬体系など）についてはBHQごとに基本方針が設定されているが，グループ全体での共通化まではなされてはいない。買収子会社の人事制度は，買収目的に応じたスピードで事業部門共通の方針を導入していくことになる。グループ共通の人事戦略に整合しない制度やコンプライアンス観点で課題が残る制度があれば，即時改定が図られる。

ファイナンス

　D社グループにおいては，GHQをグループ全社の統括部門としつつも，主力の3つの事業部門ごとに本部機能を有するBHQが配置されており，強い独立性を前提とした体制が敷かれている。

　BHQでは，BHQのCFOの下，BHQレベルでの連結決算，業績モニタリングを実施している。M&Aを実施する際も，自らの運転資本の範囲で実施する場合はBHQでの実施となるが，この範囲を超える場合，資金調達を含めたバラ

ンスシートのアロケーション，運転資本の極度額設定・変更などはBHQが起案し，GHQの了承を得る体制となっている。

　こうした強い独立性を前提としたなかにあって，唯一，資金管理については，グローバルキャッシュ・マネジメント・システムの下でGHQのCFOによる統合管理が行われている。なお，買収対象会社においてはCFOを配置せず，BHQが取りまとめるBHQレベルでの連結決算を取りまとめる実務の担当者がアサインされ，BHQの管理の下で，ルーティン業務を担う体制となっている。

　買収子会社の業績管理についても，独立性の強いBHQが主導的に実施している。一方，GHQとしては，各BHQが策定した事業計画において，BHQに対してコミットさせたうえで，KPIの達成状況について3つのBHQ間の横串比較を含めて定期的なモニタリングを実施している。このため，GHQはある意味，投資家的視点から各BHQをモニタリングしている立ち位置に近いかもしれない。

　なお，BHQのCFO人材については，GHQから派遣することはなく，買収子会社に適任の人材がいれば現地での雇用継続も実施している。

M&A

　D社では，事業部ごとの戦略を踏まえて，自前で成長するのか，買収をすることで成長するのかをまず判断している。買収による成長が適切と考えられる場合には，買収対象会社を選定するためのロングリスト・ショートリストを作って絞り込んでいく。最近では，新しいビジネスモデルや新技術などを武器に突然現れて急成長する企業もあり，そうした企業は，普段からロングリスト・ショートリストを作っておくことではカバーできない。そうした成長の可能性のある企業を見逃すことがないよう，ファンドを通じた投資も行うことで，機会の最大化を図るという戦略も取っている。

　DDのなかで行うPMIを見据えた作業は，PMIにおいて何をやりたいかによって異なる。PMIにおいて買収対象会社の技術を活用することを目的とする買収においては，自社技術者を関与させて当該技術が買収にふさわしいかを検

討する。目的達成のためには，買収対象会社自体を買収する必要がなく，資産譲渡や技術者だけの獲得で足りるという結論となることもある。PMIにおいて製品統合をしていくことを想定した買収においては，製品部門の責任者を関与させて統合可能性を検討する。また，DDのなかで，買収対象会社のコンプライアンスやカルチャーについても確認している。コンプライアンスに大きな問題のある対象会社について，統合の実現可能性が低いことを理由に買収を見送ったケースもある。また，カルチャーについてもまったく異なると統合に差し支える（例：経営統合に向けた指示をパワハラと受け止めるような古い体質の会社は難しい）ので，買収対象会社の経営陣がグループ経営方針に理解を示すかをDDの段階でチェックしている。

　買収契約のなかでのPMIを見据えた工夫として，買収対象会社のキーパーソンに残ってもらえる仕組みを入れることや，売手が買収対象会社の事業と競合する事業を営まない旨の競業避止条項を入れることもある。基本的に，買収対象会社の100%を取得し買収実行後は完全に買収対象会社を自社でコントロールすることとしており，買収実行後に売手と協働することもなく，アーンアウト条項も原則として使っていない。

総　　括

　D社は，GHQのもとに複数の事業部を置き，事業部の本社機能（BHQ）の所在地を事業部ごとに日本，米国，欧州と分けている。各BHQの事業が遵守すべきポリシーは，GHQが定め，主要5つの管理部門のトップもGHQに置いている。また，一定金額以上の取引案件や資本政策に関わる決定についてはGHQが決定権を保持している。その大枠のもと，事業上の要請（迅速な決定の必要性を含めて）と歴史的経緯といった諸事情を勘案したうえで柔軟に各事業部に権限委譲している。「主要な5つの管理部門」の1つとしてトップをGHQに置く人事についても，ジェンダー比率など全社で取り組む課題を全事業部と共有するにとどめ，各事業部において人事制度を独自に設計することを許容しており，事業部間で人事制度を統一することはしていない。このように，全事

業部を画一的に扱うことはせず，それぞれの事業ごとの要請に応じた柔軟な対応を取っている点で，D社の事業分権体制は日本企業としてはユニークな部類に入るように思われる。M&Aの場面でも，買収目的を対象会社ごとに設定し，買収対象会社を統合する方法も買収目的に合わせて変えている（例えば，新規事業参入のための買収であれば対象会社の経営陣に残ってもらう方策を取り，既存事業の地域拡大のための買収であれば既存事業のトップが対象会社の経営陣を置き換える）。このように，D社は，事業本社集権型の国際戦略のもと，それぞれの事業目的に即した傘下のグループ子会社の自律性を尊重し，グループ子会社が当該事業部を動かしていくことを促進するという事業上の要請に応じたスピード感のある動きを実現することができているように見受けられる。

　他方で，グループ内の地域統括といったような，地域軸に基づく事業部横断の組織は置いていない。その結果，事業部間での重複を排除し効率化を図ることができる機能（典型的には管理機能）の共有による効率化や，同一地域内での事業部間のシナジーの創出は限定的となっている。D社によれば，事業部ごとの業務内容や事業のアプローチが大きく異なり，人事についても求められる能力が異なることから，このような事業部を越えた活動についてはあえて行っていないとのことである。こうした思い切った割り切りが，事業部ごとの自律性を活かしたグループ経営を実現しているようにも思われ，この点でもD社の取組みは日本企業として特徴的であるように思われる。

あとがき

　本書は，2014年に上梓された『企業買収後の統合プロセス』（中央経済社）の続編として企画を開始してから，足掛け3年の期間を経て発刊に漕ぎつけた。前書は日本本社と買収対象会社との企業買収の場面での1対1の関係におけるプレDDフェーズからPMIフェーズに至るまでの主要なイベントと施策上の論点について，主としてプロセスに沿ってわかりやすく解説されたものであるのに対し，本書は1対1の買収から一歩進んで買収した企業を他の子会社（以前に買収した会社を含む），特に同一の国・地域に所在する他の子会社との関係においてどのようにグループに統合していくべきか，また買収対象会社選定の段階でグループへの統合の観点からどのようなことに留意すべきか，ということをまとめたものである。

　また，今回クロスボーダーM&Aに注目して取りまとめた背景としては，少子高齢化と経済の低成長が定着した日本をホームグラウンドにする企業が，新たな成長機会の選択肢として海外企業をM&A等により買収するケースが増加する一方，その統合効果の発現には必ずしも成功していない事例が多くみられるためである。企業秘密に触れない前提で成功企業の事例を紹介し，参考にしていただきたいと考えた。

　もっとも，本書でも述べられているとおり，PMIの成功パターンをめぐっては，個別業種のビジネス自体が持つ特性（グローバル／ローカル）や，買収者としての個別企業の立ち位置，企業文化といった，簡単には括れない要素が多くある。このため，本書ではまず**第1章**において，事業軸と地域軸といった視点からM&Aの分類学を考えるところから始めた。また，**第2章**では，いわゆる「ガバナンス」という言葉が示す定義（コーポレート／グループ・ガバナンス／内部統制／さらには情報共有の仕組みまでその領域定義は多種多様）1つをとっても，執筆陣の間で活発な議論がなされた。

　執筆過程では，これらにも大小さまざまな分類学や定義論について，企業内外で執務する弁護士，企業実務者，大学教員，コンサルタントという出自が全く異なる6名の執筆陣が，時に出口の見えない議論に没入しながらも，最後は「読者にとって何がわかりやすいか」という視点から徐々に着地点を見出し，目線を合わせていった。

　前書と同様，本書も，証券会社，大学教授，弁護士等専門家の立場ではなく事業会社の担当者の方の立場で，読みやすさ・わかりやすさを意識しながら取りまとめた。より専門的で難解な論点については専門書に委ね，双方を有効に活用いただくことができれば嬉しく思う。

　本書を執筆するにあたり，第7章でご紹介した4社を含めた複数の企業にご協力いただきヒアリングを行った。そこで見えてきたのは，海外での買収とPMIに成功してきた各社は，それぞれの事業モデルと国際（地域）戦略に即して，GHQによる（必要に応じRHQを介した）買収した海外子会社のマネジメントについて，その会社固有の枠組みを構築してきていることである。海外での買収の取組みにおける理想形は，買手企業グループが，買収した海外子会社と有機的に連携し，現地のリソースを最大限に活用し，買収シナジーを生み出すことである。これを実現するためには，買収対象会社の選定段階から，その買収後の姿を，買手企業グループの事業モデル・国際（地域）戦略に即して具体的にイメージしてPMIの計画立案を開始し，デューデリジェンスの中でPMIの計画を具体化し，買収実行後のPMIにおいてPMIの計画を発展・深化させていくことが肝要である。そうした理想に向けた，買収した海外子会社のPMIの枠組みを検討するにあたり，本書がその一助になることを願っている。

　本書の作成にあたり，まず日常業務のご多忙な中で事例調査のヒアリングにご協力いただき，かつ，その後の追加QA，記載振りの調整等へも快くお付き合いいただいた企業の皆様に深くお礼を申し上げる。また，コロナ禍におけるオンライン中心（オンラインのみ）の執筆陣のミーティングの設定，ばらばらに書き進められていく原稿のとりまとめと調整，そして，筆が遅れがちな執筆

陣への心優しい叱咤激励にいつも笑顔（こちらもオンライン）で対応いただいた中央経済社の川副美郷さん，石井直人さんにも心からお礼申し上げる。

　皆さんのM&Aが，そしてPMIが少しでも成功裏に進むように，そして日本をホームグラウンドとする企業がクロスボーダーでさらなる成長フェーズをたどっていけるよう，著者一同，それを祈ってやまない。

　2023年1月

著者一同

索　引

欧文

【編著者紹介】

前田　絵理 （まえだ　えり）

EY弁護士法人　ディレクター

日本国弁護士，米国NY州弁護士，経営学修士（MBA），公認不正検査士

2022年1月にEY弁護士法人に加入し，主に法務機能コンサルティングおよびリーガル・マネージド・サービスに従事。EY弁護士法人への加入前は，2007年より西村あさひ法律事務所にて勤務後，2011年より旭化成株式会社にて企業内弁護士として勤務。同社にて法務部門のほか，経営企画部門，買収先米国企業の法務部門，インド子会社の役員を経験。その後ジョンソン・エンド・ジョンソン株式会社コンシューマーカンパニーの法務部門を経て，2021年7月から12月までEYストラテジー＆コンサルティング株式会社にてLead Legal Counsel。2014年から2016年，2018年から日本組織内弁護士協会（JILA）理事。主な著書に『企業買収後の統合プロセス─すらすら読めるPMI入門』（共著，中央経済社，2014年）。

【著者紹介】

黒澤　壮史 （くろさわ　まさし）

日本大学商学部准教授，ヒューマンアカデミービジネススクール教授

早稲田大学商学学術院・助手，山梨学院大学，神戸学院大学を経て現職。専門は経営戦略，経営組織。

渡辺　直樹 （わたなべ　なおき）

ゾンデルホフ＆アインゼル法律特許事務所パートナー，弁護士，英国仲裁人協会仲裁人

クリフォードチャンス・パートナー，LINE㈱監査役，双日㈱理事M&Aマネジメント室本部長等を歴任。主な論稿に「SDGs，ESGをめぐる世界の情勢からみるESG投資を呼び込む知財活用・知財戦略」ビジネス法務2022年5月号，「米国の非公開企業を対象とするM&A条項のマーケット・トレンド」NBL1022号以下，「公取委への事前届出のない公開買付で，結合関係が肯定された事例」ジュリスト1579号。

山口　博正 （やまぐち　ひろまさ）

旭化成メディカル株式会社　経営統括総部　人事部　部長

1998年，旭化成工業株式会社入社。2017年からAsahi Kasei America社にてHR Director and Corporate secretary。2022年から現職。

池田　聡 （いけだ　そう）

桜美林大学・大学院准教授

日本銀行，産業再生機構，経営共創基盤（IGPI）を経て2020年4月から現職。

日本銀行ではバブル崩壊後の不良債権問題，金融機関の経営破綻対応に従事。産業再生機

構ではカネボウほか5件の事業再生案件を担当。設立メンバーとして参画した経営共創基盤（IGPI）では日本航空，東京電力（2011～2012年，原子力損害賠償・廃炉等支援機構に参画）などの大型案件のほか，中小の地方百貨店，小売業，外食業，部品製造業等の事業再生・M&A案件を統括。現在は桜美林大学・大学院で資本政策・ファイナンス，企業評価論等の講義を担当しつつ，複数企業の社外取締役・監査役として企業経営をサポート。早稲田大学法学部卒，UWTSD修士（MBA）。主な著書に『事業再生の実践』（共著，商事法務，2006年），『危機対応のプロが教える！　修羅場の説明力』（共著，PHP研究所，2016年）。

小林　広樹（こばやし　ひろき）

　レイサム アンド ワトキンス外国法共同事業法律事務所パートナー，弁護士（日本・米国ニューヨーク州）

　2002年に同所に加入し，2010年より現職。外国企業による日本でのM&A，日本企業による海外でのM&A，国際プロジェクトファイナンスなどを手掛ける。主な論稿に「The Technology, Media and Telecommunications Review: Japan」（2022年），「CFIUS（対米外国投資委員会）による米国の対内投資審査─日本企業が知るべき最新動向と留意点─」海外投融資2018年9月号。

PMIを成功させるグローバルグループ経営

2023年2月10日　第1版第1刷発行

編著者	前田　絵理
	黒澤　壮史
	渡辺　直樹
著　者	山口　博正
	池田　広聡
	小林　　樹
発行者	山本　　継
発行所	㈱中央経済社
発売元	㈱中央経済グループパブリッシング

〒101-0051　東京都千代田区神田神保町1-31-2
電話　03(3293)3371(編集代表)
　　　03(3293)3381(営業代表)
https://www.chuokeizai.co.jp
印刷／㈱堀内印刷所
製本／㈲井上製本所